尋找大範男孩

鄭鴻生 著

〔序〕尋找屬於這個時代的大範

陳光興

初遇鴻生該是一九八〇年代中期，記不清楚是在芝加哥還是洛杉磯，反正是在台灣人圈子聚會的場合裡，當時鴻生已經在電腦公司上班，我還在寫博士論文，交往中才慢慢知道這位有點害羞、溫文儒雅、意志堅定的同志原先在台大念哲學，歷經保釣與哲學系事件，出國後改行學電腦，但是從來沒拋開思想上的信念，對社會與政治的變革持續參與關懷。八〇年代後期，台灣社會發生劇烈變動，許多棲居海外的異議朋友都陸續回到台灣，準備好好做點事。一九八八年返台後的鴻生在資策會工作，總是會在海外「潛伏」回來的朋友們的聚會中碰到他，爾後跟他一起共同參與了《島嶼邊緣》與《台社》，在一起工作中對他有了更進一步的認識。一九九六年，鴻生決心從資策會辭職，開始寫作。

成爲專業作家的鄭鴻生，十多年來成果豐盛，除了之前曾以筆名曾雁鳴經常在報刊上發表評論文章外，至今完成了七本著作。一九九九年的《揚帆吧！雪梨》是他在澳洲居住一年對當地歷史社會的細膩觀察，二〇〇二年的《踏著李奧帕德的足跡——海外觀鳥行旅》是他作爲觀鳥族的眞情記錄與體會，其他的五本書則是台灣思想文化史的重要著述。影響力最大的該是二〇〇一年的《青春之歌——追憶一九七〇年代台灣左翼青年的一段如火年華》，這本書已經成爲理解台灣七〇年代思想狀況必讀的著作；二〇〇五年的《荒島遺事——一個左翼青年在綠島的自我追尋》記述了他在囚禁思想犯的火燒島服兵役期間，在白色恐怖陰影下的生命歷程，這兩本既是文學又是歷史的創作，樹立了他獨特的寫作風格。二〇〇六年的《百年離亂——兩岸斷裂歷史中的一些摸索》可以說是讀者手中這本《尋找大範男孩》的前奏與準備，開始摸索著解釋兩岸百年來所形成的分斷體制，如何在台灣社會造成統獨爭議與省籍矛盾。二〇一〇年《母親的六十年洋裁歲月》，剖析了在歷史劇變的年代中，女性如何在困境中建立起主體性所開拓的生命空間，是婦女史也是文化史必須參考的著作。

《尋找大範男孩》一方面繼續了鄭鴻生先前的風格，以類似《母親的六十年洋裁歲月》的方法，把敘述坐落在家族史的脈絡中，深情款款地追溯著父祖輩的歷史，帶著讀者管窺百年來台灣社會的變化，另一方面他則更有自我意識的去承擔一個極其艱鉅的任務：如何縫合世代之間、省籍之間、兩岸之間無法跨越的鴻溝，通過歷史化的過程，開始找尋和解的可能。世代差異是一個困難的問題，不同代的人沒法相互理解，幾乎成爲所有社會共通的現象，相互糾纏的省籍與兩岸問題更是困難重重，百年下來的分斷阻絕了認識彼此歷史感的巨大差異。

然而，鄭鴻生又是憑藉著哪些資源讓他可以嘗試縫合彼此漠視的工作呢？作爲台灣古都台南人，鴻生對於自己的語言、文化、風土人情，有著充分的自在與信心，搭配著他一生不斷積累的學養與歷練，又承接了陳映眞那代台灣左翼分子所開啓的人道主義的精神與批判思想，使得他能夠向孕育百年家族的大歷史敞開心胸，通過歷史來尋求解釋。對他而言，當下的處境是歷史進程的結果，要能夠化解矛盾必須回到歷史。然而進入歷史卻又是困難的，他自己說的最清楚：「或許任何歷史眞相都難以全面揭開，但我相信是可以多面趨近的，只要能放下意識形態的包袱」，是的，歷史有其自身的客觀性，我們進入歷史的動力必然是主觀的或是意識形態的，但是一旦進入我們就得如溝口雄三先生所說的那樣，得「赤手空拳」，去貼近歷史本身。意識形態的包袱不僅限於統獨立場，當然也包括作爲批判知識分子慣有的政治正確，而鴻生的書寫是在解放思想禁區，家族、性別、族群、心情、做人，乃至於動態的理解移民的階級流動中家族內成員的相互提攜，這些進步圈缺乏分析工具去解析的層層面面，都成爲作家面對的重大議題。一旦將過去立體化、動態化，他的書寫讓我們看到台灣當代的歷史沒有辦法脫離「前清遺老」的軌跡，更不能一廂情願的從日據的「現代化」或是「反共親美」的意識形態，以斷章取義的方式來理解。在此意義下，閱讀《尋找大範男孩》得先做好思想解放的準備工作，拋開既有的框框架架，才能走向這本書所帶來的心靈解放。

以「尋找大範男孩」爲題來標誌出本書的核心關切，是以「欠缺」與「萎縮」作爲寫作的問題意識，從內在台灣（家族）史解釋了百年來歷經崩解中的清王朝、日本殖民與國民黨高壓政權，所「製造」出來的台灣男性特質，從「失語的一代」到「驕寵的一代」，乃至於表現在今天政治社會舞台上讓人哭笑不得的行徑。《尋找大範男孩》的歷史書寫讓我們看到的是處於第三世界的台灣版，在這個無法滋養生命的時代中，如何可能養成大範男孩，或是成就任何有心胸、氣度的事務，乃至於知識呢？過去我們熟悉的知識方式是以從天而降的價值觀與分析架構，來評價我們自身的歷史、社會與民主歷程，而作家走了完全不同的路：他將分析的視野根植於在地歷史，對人們眞實的行動平心對待，看清時代的侷限，進而去挖掘走向未來的可能。鴻生的筆下有悲天憫人但是沒有悲情，有積極轉化但是沒有哀怨，他實踐的是一種另類的知識方式，這種知識方式所彰顯的是，不同的社會必須在自身歷史的軌跡中看到、找到自己的特性、侷限與方向，才能有主體性的走自己的路，社會如此，民主亦然。過往的大範一去不復返，無需悲嘆，屬於這個時代的大範，已然正在形成，它的形式會是這個歷史土壤所孕育出來的。

《尋找大範男孩》最讓我觸動的是作家的勇氣與深情，敢於揭開自己家族史的面紗其實需要特異功能，得有過人的膽識與能耐，而背後支撐的力量是一股樸實的愛，他眞心尊重筆下的人、事，在不妄下判斷的前提下讓歷史能夠充分呼吸。這是我們許多同代人至今還沒法面對的困境，而理智上又清楚的認識到：不深入了解父母、家族的過去與大歷史之間的關連，又如何能看清自我今天的長相呢？

從《青春之歌》到《尋找大範男孩》的五本著作，構成了理解台灣思想與文化的重要資源，鄭鴻生整體寫作的風格在於把自己擺入歷史的過程的當中，勇敢、冷靜但又充滿情感的去面對、挖掘被湮滅或是遺忘的歷史。讓被壓抑的主體可以重新發聲的同時，他的書寫當然必定是在找到自身的軌跡，也是自我實現的實踐，但是在我看來他的著作所起得最大的作用在於承先啓後，畫出了原先看似斷裂、不相關連的歷史聯繫。許多的年輕學子，乃至於我們這些幾乎同代的後輩，都是透過閱讀他的故事、分析與評價，而得到豁然開朗的感受：「原來是這樣的！」超出他自己的想像，知青們很多在追他寫的東西，許多的八、九年級的同學都對他的著作具有高度的熱忱，被他的書寫所感動，《青春之歌》被清華大學人社系文化研究學程推薦爲暑期重要參考讀物，雖然沒法在大陸出版，卻也有許多的粉絲，影響力可見一般。

鄭鴻生跟許多同代的人一樣，身上難免也有被歷史壓迫所留下的情結，但是他沒有那些卸不下來的姿態，丟不掉的巨大男嬰的自戀，自己知道不是那種衝鋒陷陣的領袖型人物，他在走他自己能夠承擔的路，找到了以寫作與生活作爲安身立命的方式，默默工作中所養成的自在似乎持續在滋長，少了些過往的焦躁與不安，他的文字所散放的風采比以往更爲帥氣，在他身上出現了什麼是屬於這個時代的大範的可能性。是以爲序。

二〇一一年早秋於新竹寶山

（本文作者為交通大學社會與文化研究所教授）

序 尋找屬於這個時代的大範 陳光興——003
1.0 緣起：一張出土的老照片——013

1.1 旗袍、洋裝與台灣衫——023
2.0 線索——073
2.1 父親的畢業紀念冊——077
3.0 解謎——129
3.1 尋找大範男孩——133
3.2 解開父親在東京之謎——213
4.0 回溯——227
4.1 繁華落盡五條港——231
4.2 祖母的天足——253
5.0 後記：一趟心靈尋根之旅——287

1.0

緣起：一張出土的老照片

本書緣起幾年前出土的這麼一張老照片（圖1）。從其斑剝裂痕與水漬塗鴉可以看出年代的久遠。

這清楚是張家族照，裡面人物從白鬚老者到襁褓嬰兒，各年齡層都有。這些人顯然處在時代的巨變中，他們身穿不同樣式的服裝。但服裝的差異並非全是來自個別偏好，若我們仔細比較，將不難找出其中的類別規則。

首先不分男女，年長者都穿著傳統唐裝。

再來不分年齡，所有女性也都穿著唐裝。

如此服裝的差異很清楚的主要表現在男性的不同年齡層身上。中坐的兩位男性老者穿的自是唐裝，而青壯年中生代則全部穿著西式的現代服裝，譬如類似中山裝的立領西服，甚至有一位還穿著西式禮服並打著蝴蝶結。而前面坐著的幾個男孩則有穿著和服的。

從這些穿著多樣化的人們聚在一起拍照的背景，可以看出是在一間有著高梁的傳統老屋的中庭，正是拍攝家族照的理想地點。

這個家族上下幾代與男女服裝上的差異，呈現了一個巨變中的時代剪影，照片底下的文字明白指出這點：「台灣台南市順興商店家族會／大正拾貳年癸亥孟春攝影紀念」。日本大正十二年是西元一九二三年，中國傳統的癸亥年，民國已經進入第十二個年頭，而日本帝國統治台灣也已二十七年了。

這張一九二三年拍攝的老照片是我母親那邊施氏家族四代同堂的合照。他們是台南的一個經商家族，商號叫順興商店，住的房子叫施順興堂。家族院落就在現在台南市海安路與民生路之交的西南角，舊名叫番薯港，如今海安路二二五巷進去那一帶，在前清時期是台南五條港流域最南端的一條小港汊。

我初次看到這張照片時受到相當的震懾。在這之前，我從成長於日據時期的父母親那一輩人所留下為數不多的老照片中，形成了他們是接受日本教育的現代人的印象：在這些老照片上他們從來就是穿著西服洋裝，留著西式髮型，偶爾還會有和服出現。這樣的印象與我小時候老祖母的一身唐裝，並梳著傳統髮髻的形象有著強烈的對比。然而在這張出土的老照片上，我母親與她兩個親密堂妹在她們就學前的幼齡時光（母親那時才滿四歲，前排左二），身上穿的竟是傳統台灣衫。

由於母親是洋裁老師，她向來給我的形象都是穿著洋裝的，這兩位阿姨也是如此。而照片上這幾個穿著傳統台灣衫的小女孩的形象，卻一時讓我感到萬

1：順興堂家族照

分驚奇，也才驚覺到母親這輩女性在她們的成長歲月中，曾經歷過一番服飾之變。或許是因爲我從小看著母親裁裁剪剪各種洋裝，對人的衣裳較爲敏感，在這張老照片上，除了因能一一指認施家每個長輩年輕時的模樣而有著不小的樂趣外，他們身上的各種服飾也讓我有著重新發現的驚奇感。

照片上男性青壯輩，即我的祖父輩，並沒太出乎意料全都穿上各色各樣的西式服裝了。然而他們的同輩女性，即我祖母輩，在她們青壯年時卻還全部穿著老唐裝。兩性在服飾現代化上的步調差異如此之大，就讓人想進一步去一探究竟了。我雖從小就跟在穿傳統台灣衫的祖母身邊，但從來不曾把祖母的形象放回歷史的流動之中，總覺得上了年紀的祖母穿著老唐裝是理所當然的事，好似以爲當時還是中年的母親年老之後也會挽起髮髻、穿起老唐裝那樣。直到這張老照片呈現了我祖母她們那一整代人在年輕時候就已經是如此穿著，甚至還繼續將她們的女兒從小就如此打扮的這種情況，才讓我驚覺到對她們的刻板印象。在後來搜尋家族老照片時，我又看到了一張年輕時候的祖母穿著唐裝的照片，於是唐裝才不再與年老的形象連在一起了。

如此就打破了我原本以爲只穿洋裝的母親印象，並繼而讓我認識到他們那一輩曾經是在那麼一個新舊交替與華洋雜處的環境中長大的。這對我有若當頭棒喝，原來視爲理所當然的刻板印象就此鬆動了。原來每代人的服飾品味並非只是年紀的表徵，也非全是他們的個人喜好，而是隨著歷史之流變動的。

說這張照片「出土」並不爲過，因爲它是施家一個族人準備搬遷，在整理家中舊物時發現的。若非有此一偶然的「挖掘」，這張照片將繼續埋沒在那堆舊物中，甚至在將來某天可能就被後人當廢物處理掉了。

在日據時期受教育成長的父母親這代人是不太保留舊物的。現代化這東西，日本人視之爲文明開化，對他們這輩人起了有若皈依再生的作用。台灣在進入二十世紀之後，雖然難免於動亂，但社會是持續「進步」的，不只是在觀念上，物質條件的變化更是不時翻新，他們從腳踏車、火車、汽車、收音機、留聲機、自來水等西方文明的初體驗開始，一路看到了電視機、電唱機、電冰箱、電腦、CD、DVD、行動電話、網際網路、高速鐵路的發明，直到今天的email、mp3、iPhone、iPad、Google、Facebook等這些複雜到令他們老化的手腦無能操作的新玩意兒，還在令人目不暇給地出現。

我父母親那代人是不太回頭看的，他們是台灣接受現代化教育的第一代人，也是在戰後爲台灣經濟起飛而打拚的第一代人。在他們一生打拚的過程，新東西都來不及學習，舊物件遂如過眼雲煙。當然由於匱乏年代的節儉習慣，每件東西都會使用很久而捨不得丟，但當不再有使用價值，則不會當紀念物留下來，老照片也是如此。

當我的心情被母親家族那張老照片裡的多樣服飾挑動之後，回頭去找出家裡一本母親的老相簿。這相簿主要貼的即是她在日據時期的生活照，我小時候不時會從櫃子裡搬出來翻閱，因此還依稀記得其中一些影像。然而這時卻發現裡頭原本不多的照片如今竟有著更多空白頁面。原來母親已經在爲她的最後一刻做準備，而將她本人不在上面的照片，就是說只有她朋友現身其中的照片，全部撕掉了。她認爲我們這代人是不會要這些舊照片的。甚至有一些她年少時穿著台灣衫的照片，她嫌土也撕掉了，而留下有著撕痕的處處空白。但即使如此，剩下來的也夠我重新看到很多東西了。我遂把家裡的老相簿都拿出來，甚至到家族親人中找來他們的老照片，一張張反覆瀏覽、細細咀嚼。

在翻閱這些老相簿時，有一張一九三〇年代時年輕的母親和她幾個朋友，穿著民國式改良旗袍的合照，一直讓我十分迷惑。我向來以爲這種旗袍是光復之後才從大陸流傳到台灣的，爲何母親在年輕時就會穿上身？我向母親問起，她淡淡地說，那時她們愛美，偷偷穿著上海傳過來的流行款式去照相館拍攝的。爲何需要偷偷去做呢？她回答說，因爲日本警察看到台灣女子穿這種新式旗袍會當街斥罵，她們就曾因而挨過罵。這又讓我驚覺到服飾的政治意涵，在日據時期台灣女子可以繼續穿傳統老唐裝，但若穿上充滿政治象徵的民國式改良旗袍，即使穿者無意，也會讓日本警察感到不快。

由此我遂又驚覺到服飾的政治意涵，也想起中國改朝換代時在服飾上曾經有過的「男降女不降、生降死不降」的說法。有了這一些對男女兩性因應時代而有不同的服飾變化的認識，加上這一些雖然爲數不多，但含意多重而複雜的老照片，遂啓動了我這一系列家族影像文章的書寫。我從母親年輕時的那張旗袍照談起，寫了〈旗袍、洋裝與台灣衫〉一文，不只談到母親她們那一代台灣女性如何全面改穿洋裝，開始追求現代時尚，而與終生穿著台灣衫的我的祖母輩形成強烈對比，還談到在那年代服飾的現代化在台灣男性心理層次上的意涵。我的父祖輩在日本占領台灣的改朝換代中，很快就全面換穿西方服飾，這一方面是爲了跟上現代化的腳步，另一方面卻也是精神上的屈服，這種精神上的屈服在光復後的另一次改朝換代中，進一步影響到我們這些戰後新生代男生的服飾心理，我們竟因此成了不注重服飾體面的一代人。

如此，我從一張家族合照與母親年輕時的旗袍照等老照片，談到了台灣戰後新生代男性的服飾心理與身體感覺，並由此而繼續探索下去。

1.1

旗袍、洋裝與台灣衫

——台灣服飾的百年演變

風華乍現的旗袍風

這張穿著旗袍的四個年輕女子的老照片（圖1），乍看之下或會猜是來自上個世紀三〇年代的上海。年代是對的，但是地點卻是台灣的台南，那時日本帝國已經統治台灣四十多年了。猜是上海也沒太離譜，當年的台南確實正在流行上海風。

這是母親年輕時候和她在洋裝店的同事，一起到台南一家松竹寫眞館拍攝的照片。那是一九三七年左右，她們都穿著當時帶著時尚前衛意味的這種印花布新式旗袍。母親回憶說，她們幾個年輕女子穿著這種新式旗袍照相，在當時可是大膽之舉。說是大膽，並非因爲如此穿著違反了父老長輩的傳統規矩，而是如此做必須躲著日本警察。母親回憶說，那時曾與穿新式旗袍的朋友逛街，卻被日本警察大聲斥罵「清國奴」。一九三七年正是七七事變的一年。那年日本大舉侵華，而台灣的皇民化運動也正緊鑼密鼓地展開，譬如推行國語家庭、收集並焚毀台人祖宗牌位等措施。雖然日本殖民當局並無明文禁止台灣婦女穿著這類新式旗袍，而我們也在不少老照片上看過台灣婦女穿著這類服飾，出現

1：一九三〇年代的四位台南旗袍女子

在當年上層社會的社交場合，但地方上的日本警察卻不准台灣平民女子公開穿著，顯然是出於企圖切斷台灣與中國聯繫的這整個皇民化運動的心理。

母親與同事們在這張照片上所穿的已是當年上海流行的改良旗袍，而非前清旗人所穿的傳統旗袍了。這種上海改良旗袍在那時被看成代表中國，而且是一個新的中國的象徵。這麼一種新的式樣，洋溢著民國女子的風采，確實充滿著一種「新中國」的味道，代表一個正在復甦而要與日本帝國相頡頏的現代中國。相反地，日本警察對我祖母輩一直形影不離的老唐裝/台灣衫，卻採取容許的態度，因爲那個老唐裝在那時只能代表著一個被打敗了的落後中國，不具任何威脅性了。在一九三〇年代後期皇民化運動已經啓動了的氣氛下，台南的日本警察對這麼一種充滿「新中國」味道的新式旗袍，當然是不能視而不見的。而這張照片正是當年台南幾個年輕女子叛逆之舉的立此存照。

然而那個時代的台灣年輕女子，大膽穿著這麼一種新中國風的改良旗袍，卻並非要表現什麼政治或民族立場。母親回憶說，那時穿旗袍純粹是因爲「愛美」，趕流行，而旗袍還是向照相館借的。她又說，那時不少上海流行的東西，台灣也跟著流行。不只服飾，還有李香蘭、周璇的歌曲。母親回憶那段年輕歲月，台灣經濟甚不景氣，很多人失業而跑到外地找機會，不少人去了上海，也帶回那裡流行的東西。上海因而成為當時台灣流行的先驅地之一，旗袍可能就是透過這樣的管道流行進來了。母親還說，更早的時候鳳仙裝也曾風靡過一陣。

母親和穿旗袍合照的這些朋友，那時同在一家日本人開的洋裝店工作。這家叫「日吉屋」的洋裝店，開在當年台南最時尚、最高級的末廣町大街上。這是條台南州廳在府城裡的老舊街坊中硬闢出來的現代大街，街上都是日本人開的商店，包括當時最高建築、別名「五層樓」的林百貨。一九三六年母親十八歲的時候，應徵到這家日吉屋當洋裁學徒。

洶湧而來的洋裝潮

這張日吉屋的員工合照（圖2），拍攝於一九三七年元旦。右邊的商店招牌清楚寫著「日吉屋洋裝店」，合照的員工也確實不分男女大都穿著「洋裝」。洋裝，這種日本人口中的西方服飾，在當時已是台灣新一代人的普遍服裝了。

2：日吉屋洋裝店一九三七年元旦合照

照片上日籍老闆夫婦倆穿著莊重的洋裝，抱著嬰兒坐在正中。其他除了兩位店裡的高階日籍職員穿著傳統和服外，大半是台灣本地人，也全部穿著洋裝。可以看出這些人所穿的衣服，與七十多年後今天一般人的穿著並無太大差異。

那一天，母親（前排右二）穿著自己新做的洋裝來參加元旦團拜。這是她第一個工作，來到這裡才半年多，但因手藝好而很快成爲正式員工。她後面站著的繫領帶男士是店裡的洋裁師傅，也是台南人，他的弟弟（後排左一）也在這家店裡當裁縫工。洋裁——洋裝之裁縫，可說是那時的一項新興行業，吸引了很多年輕男女加入。台南接受現代化教育的年輕一輩，已經不願再穿上他們父母所穿的傳統唐裝，而爭穿起洋裝，並且也開始了流行潮，在洋裝上變化出各種花樣。此後「洋裁」這個日語新名詞，在台灣閩南語裡竟就成了任何裁縫的代稱。

接受日本殖民現代化教育的第一代台灣人，從學校制服開始就穿起洋裝了，洋裝此後變成他們的常服，服裝一變，髮型也隨之而變。這代人尤其是年輕女子，已不再像她們母親那樣留著長髮在後腦杓綁出各種髮髻了，她們開始「電頭毛」，燙出各種髮型來。新中國的改良旗袍，就在這種洋裝流行潮中，以上海的時尚流行到台灣來。

在一張攝於一九三九年的照片（圖3）上，母親和她的洋裝店女同事，各自穿著自己設計、親手縫製的新洋裝，梳著流行髮式，戴著花俏帽子，踩著高跟鞋，興高采烈出外郊遊。她們這代人的穿著與形象，從頭到腳與她們的母親那一輩就此徹底決裂。這時母親在日吉屋學藝已經三年多，可以出師了，不久她就離開了日吉屋，自行成立洋裁工作室。接著外公過世後，母親自己存了錢，渡海到東京的一家洋裁技藝學院，接受正式的洋裁教育。那是個短期的技藝專科學校，母親因爲經費拮据，遂以全天上課的方式，在半年時間內完成一年的學業。只有公學校學歷的母親，憑著那張洋裁技術學院的文憑，得以在往後成立縫紉補習班，開班授徒，教授台灣女子如何裁製各式洋裝。

負嵎頑抗的老唐裝

母親這一代人的全然接受洋裝，顯示出與祖母那代人在服裝儀容上的全然斷裂。在母親童年僅存的那張一九二三年的家族合照（1.0圖1）裡，她的女性長

3：一九三九年，春遊的台南洋裝女子

輩全部都穿著唐裝，梳著傳統髮髻，很多還綁著小腳，甚至五歲大的母親也穿著唐裝坐在地上。可以看出日本殖民政府對台灣傳統唐裝的態度是開放的，因爲這種傳統唐裝並未能引起殖民政府的疑懼不安，畢竟那只是舊中國的破落遺跡，不像民國新式旗袍那樣，代表著某種新興力量，何況女性穿什麼多與政治權力無關。

傳統唐裝在新興洋裝出現並成爲年輕一代的主流服飾之後，有了個新名稱叫「台灣衫」，以示與洋裝有別。沒來得及趕上日本教育的母親的長輩那一代，就此將台灣衫穿上了一輩子，成了前清遺老的具體象徵，我的祖母直到一九七二年過世都是這麼一種儀容與服飾。在這張一九六〇年代的祖母照片裡（圖4），她身上那套上下兩件式的傳統台灣衫顯得十分素淨，而這也一直是我印象中祖母的服飾儀容，以爲他們那一輩人的穿著，從來就是如此不起眼的，直到後來我又找到了幾幀家族老照片。

在這一幀模糊的老照片上（圖5），仍可看出年輕時候的祖母穿著十分絢麗的唐裝，高領的上衣繡著漂亮的花紋，還配戴著項鍊與別針，裙子則有著百褶下襬。雖然黑白照片看不出顏色，仍可想像出祖母穿得光鮮亮麗。那一年大約是一九一七年，距離一八九五年乙未割台已經二十多年。才二十出頭的祖母已經生了兩個兒子，其中較小的是我父親。他們小兄弟倆的特殊穿著，據大姑媽講是當年流行的童裝。這兩個開始穿上新裝的小兄弟以及後來的弟妹們，即將接受日本的現代化教育，營造出不同的儀容形象，並走上不同的精神世界。另一張早幾年大約是一九一四年的照片，則是我祖父抱著大兒子的合照（圖6）。祖父與大伯都是一身唐裝，這樣的男性唐裝卻是我從來沒見過長輩穿過的，男性的傳統服飾來到一九六〇年代可說是消失得無影無蹤。

唐裝、和服與洋裝的拼貼

日本占領台灣，不僅讓洋裝成爲新世代的主流服飾，也讓日本的傳統和服成爲另一種高尚服裝。我父母親這代人長大後不再穿傳統台灣衫，卻偶爾也會穿上傳統和服照個相，譬如這張父親在一九四〇年左右穿著和服的照片（圖7）。還保留著不少傳統的日本，竟讓和服也成爲父親一輩心目中現代化的象徵。然而正式的和服雖來自上國，卻也是頗昂貴的服飾，大半台灣人是買不起

4：一九六〇年代的祖母

5：一九一〇年代，年輕時盛裝祖母與兩個兒子在台南萬福庵老家前

6：一九一四年左右，年輕時盛裝的祖父

7：父親一九四〇年和服照

的，只能到寫眞館借來穿上，拍張紀念照。

祖父母那一輩人對服飾的變異，就有著相當不同的感受。我的大舅公在一九三〇年代時曾去拍了一張沙龍合成照（圖8），他在寫眞館裡先穿上長袍馬褂傳統禮服，頭戴瓜皮小帽、手拄枴杖照了一次，接著換成日本和服坐在椅子上，手拿香菸再照一次，然後由照相師將這兩個影像合成一張照片。這張一人飾演兩角的有趣照片，相當反映出我祖父母那一代人的尷尬情境。

大舅公生於一八八五年，只上過傳統漢文學堂，沒趕上日據時期的公學校教育，這與我祖父的情況是一樣的。但另一方面，他卻又在一家醫院當藥劑生，這可是一項現代職業，接觸到的都是西方現代醫療的事物。他這代人就正處在現代與傳統的新舊交替中，到底會成爲一個前朝遺老，還是現代之子，就看他接受的教育和從事的職業了。大舅公是這麼一個兩邊都是又不全是的人物，會去拍一張兩種服飾的合成照，看來也是很自然的事。而小他十六歲的么弟，我的四舅公，就不一樣了。

四舅公由於出生較晚，趕上了剛開始的公學校教育，然後又趕上了開辦沒多久的台灣總督府醫學校的招生——這與蔣渭水、杜聰明等的情況類似，都是公學校畢業即可報考醫學校。如此在成爲前清遺老的同一世代兄弟姊妹之中，出了這麼一位現代之子的么弟，而且又是作爲現代化標竿的西醫。而我那一身傳統遺老形象的祖母只不過大他六歲，卻就相隔兩個世界了。在一九五〇年拍的這幀楊家全家福照片裡（圖9），四舅公（前排左二）是一副現代醫生的裝束與神態，站在他後面高女畢業的四妗婆也是現代「先生娘」打扮了。而同他一起坐在前排的三個姊姊——我祖母與兩位姨婆，則都依舊穿著老唐裝，綰著髮髻。當然這種發生在兄弟姊妹間文化差異的情況，在他們的下一代就基本不再有了。我父母這一代人是完全的摩登之子，全盤接受了日本式的現代化教育，全面換穿了洋裝，打扮成一副現代儀容。

改朝換代與薙髮易服

中國過去在改朝換代時有所謂「男降女不降」（男人降服了而女人卻不降服）的說法：即是男人的服飾儀容總是先被強迫改換成新朝的式樣，而女人的服飾則繼續保留前朝式樣。譬如十七世紀滿清入主中原時，漢族男性被迫薙髮易服，放

8：大舅公一九三〇年代一人雙裝照

9：一九五〇年，身著西裝的四舅公（前排左一）與三位穿著唐裝的姊姊及家人

棄明代衣冠，而女性則繼續穿著舊服，梳著舊髮型。當日本帝國占領台灣時，也有類似的情況。台灣男性從我祖父那代人開始就已改服易容，而我祖母則終其一生都是傳統打扮。這幾年來，台灣的高等研究機構徵聘了不少印度來的研究人員，於是中央研究院所在的台北南港舊莊的街頭巷尾，就出現了不少年輕印度夫婦。這些年輕印度女性還經常穿著色彩繽紛的印度紗麗（sari），但是印度男性則清一色穿著西式的襯衫長褲。印度這種情況早在十九世紀被大英帝國占領後就發生了，而至今他們女性的傳統服飾竟還頑強地被保留著。

如此我們可以看到中國男性的服裝，不管叫台灣衫、唐裝，還是長袍馬褂，都是清朝改朝換代之後才形成的「傳統服飾」。中國男性的這些傳統服飾儀容，到了民國也成了被棄絕之物。不僅那根長辮子變得落伍可笑，被現代中國人視爲國恥，而全部剃成西裝頭，如今若還有人穿起長袍馬褂，也會被視爲奇裝異服。上個世紀的六〇年代，叛逆青年李敖就曾刻意穿上一襲傳統長袍走在台大校園，表示不與已經全面穿上西方服飾的男性師生同流，可見中國男性的傳統服飾在一九六〇年代台灣的下場。因此我們在父親那輩的台灣男性服飾上，除了葬禮中遺族的披麻戴孝與白衣白袍（圖10）外，就不曾見過任何帶有唐裝或台灣衫風格的痕跡。這種死者與送葬者還穿著舊朝服飾的情況，或許就是改朝換代所謂的「生降死不降」的意思！

然而中國女性的新服飾，卻也藉著改良旗袍，將傳統隱隱約約地保存下來。在正式場合，中國男性已經一律穿起西裝——不管是敞領西裝、中山裝還是人民裝，但是不同款式的旗袍卻仍舊可以穿上大場面。

對於改朝換代下服飾之變的男女不同現象，向來的說法是臣服了的男性用女性的服飾來保留他們的傳統，以示這族群的不完全臣服。男性在改朝換代中確實比女性受到更大的衝擊，他們是政治權力與文化霸權的具體承載者，而服飾儀容更是這麼一種權力關係的具體象徵。新朝建立後，舊朝男性身上的這些刺目之物，自然成了其必得抹掉的眼中釘。於是舊朝男性不管遺老遺少，都必須變裝易容，以示對新朝臣服。然而女性則因爲沒有承載這種權力關係，她們的服飾儀容反而較可能被寬容。或許「女不降」之所以可能，就是來自於她們向來與政治權力無關的傳統角色。

10：一九六二年十二月三十日，祖父的葬禮，按照傳統習俗進行，家人身穿白衣白袍、披麻帶孝

身體的解放與臣服

如此，我祖母那一代女性，面對鋪天蓋地而來的日本式現代化改造，依舊保留著他們的傳統服飾儀容，甚至在光復之後的美國化浪潮中也不為所動，可說像印度女性那樣，頑強抵拒了改朝換代帶來的權力關係的顛倒，或說本來就無關乎這種權力關係。然而我母親這代女性卻為何對新朝儀容服飾那麼輕易地屈服呢？而且不只屈服，簡直是興高采烈地換裝變臉。母親的幾張與同事朋友郊遊的照片總是顯出，她們對於新裝以及新裝帶來的身體解放的歡樂。影像的場景是很重要的，上面那張洋裝年輕女子們是在春光明媚的郊外（圖3），她們臉上也洋溢著燦爛的笑容。

另一張大約拍於一九三九年，在台南安平海邊戲水的照片上（圖11），還是小女孩的小阿姨，緊張地拉著穿白色套裝、長得高大的我母親，同其他穿洋裝的年輕女子光著腳，戰戰兢兢地走向海浪。雖然她們還未到換上泳裝的地步，但能脫掉鞋襪涉入海水之中，讓浪花濺濕裙腳，讓潮水不斷拍打上赤裸的腳丫子，該是有著令人興奮的解放感的。下一張（圖12）是小我媽二歲的大姑媽（後排

11：一九三〇年代末在台南海邊戲水的年輕女子
12：一九三〇年代末的另一群到海邊郊遊的台南女子

左）同一時期帶著家族弟妹，參加一群同事朋友的郊遊，也同樣露出燦爛的笑容。

新一代的女性換上新裝，到處郊遊探索，那眞是一種身體的解放。相對而言，同一世代的男性，即使換上新裝，卻也還是抑鬱的。男性換上的新裝不叫洋裝而稱「西裝」，他們把西裝穿在身上，換得的卻是某種屈服。在他們這一代人的老照片裡，眞難得找到幾張有著開朗笑容的。最典型的是這張一九三〇年代父親與友人的沙龍合照（圖13），大家西裝筆挺，正經八百地面對著鏡頭。

然而做爲社會中堅分子的這代成年男性，這畢竟只是撐起來的威嚴，掩蓋不了被剝奪權力下的抑鬱，其實這才是他們這一代男性從小就陷入的處境。接下一張是我父親中學二年級的學生合照（圖14），照片上的這群青春少年顯得十分沉鬱。當時能夠上州立台南二中的男生，都算是台南地區的優秀子弟了。然而中學生的新式制服一方面雖是社會優秀子弟的象徵，另一方面卻也是他們被迫穿上代表新朝儀容的一套制服。雖然他們的父兄一代都已剪了辮子，他們這一代人在當學生的期間又被迫剃了光頭。光頭加上學生制服狠狠地剝奪了他們這代人在傳統社會原可享有的男性尊嚴，這種強迫就範確實是讓他們笑不出來的。

13：一九三〇年代三位西裝筆挺的台灣男人

14：一九三一年，父親中學二年級團體照

白色婚紗禮服的魅力

如此看來，日本帝國占領台灣後，強制華人男性剪辮易服，雖然換穿上的對日本人而言也是外來的「西裝」，但還是有著新朝服飾的意義。在那張一九二三年的施順興堂家族合照裡，男性從中堅世代開始改穿西式甚至日式服裝了。相對而言，照片上全部的三代女性，包括坐在前排地上我母親三個小堂姊妹，卻都還穿著傳統唐裝。然而曾幾何時，童年都還穿著唐裝的母親這一代姊妹，卻全部換上了洋裝，而且還換穿得興高采烈。

在那張家族合照（1.0圖1）裡，站在最後面的三舅（後排左二）——我母親的堂哥，那時才從台北高等商業學校畢業（台大管理學院前身），進入少有台人的專賣局工作不久。八年之後，意氣風發的他在結婚典禮上讓新娘子不再頭戴鳳冠、身穿傳統紅色喜服，而是披上了西式白紗結婚禮服。在一九三一年三舅的這張結婚照上（圖15），不僅這對新人已經換上西式禮服，其他伴郎、伴娘與花童也都是西式打扮了，可說是整套的西式婚禮。在台灣傳統葬禮中代表悲愴肅穆所使用的白色，如今竟然變成新式婚禮純潔幸福的白色，套在新娘子與伴娘花童身上，這是何等巨大的服飾之變！

那時西式婚禮在台南的名門望族中其實已經行之有年，他們在一九二〇年代的婚禮多有留下新娘穿上婚紗禮服的照片。原先還只敢穿粉紅色的，但在這一張一九二〇年代末台南固園黃家女兒黃灼華出嫁時的結婚照上（圖16），我們就看到新娘已經披上全身的白色婚紗了。他們的西式婚禮代表著當時社會菁英的潮流，但是一般傳統家庭尚未敢如此前衛。因此三舅晚年回憶起他自己的這樁西式婚禮時還十分得意，他在七十五歲時曾寫道：「我倆的婚禮……在傳統的舊社會裡，當日新娘所著服飾是最摩登的，一時轟動了整個台南市。」三舅那時可說是家族中最有為、最新潮的後生子弟，會有如此突破之舉也不奇特。

白色婚紗禮服這時已成摩登的代表。此後在家族成員的婚禮上，新娘就都穿上西式白紗禮服了，譬如這張一九三七年我一位阿姨結婚照（圖17）所顯示的。在那張一九二三年的家族合照裡，她也還是一個坐在地上的唐裝小女孩。

在二戰後期物資極度缺乏的一九四四年，精於女紅，學藝出師的母親，在與父親結婚時，為自己設計縫製了一套高雅的白紗結婚禮服（圖18）。這套白紗禮服還傳給了家族中我的幾位姑媽阿姨們，在後來她們結婚時派上用場，直到一九五〇年代。白紗結婚禮服從此成了台灣女性生命中的一套重要服裝，演變至今還造就了一個規模不小的婚紗攝影業，甚至對外輸出了。

因此，雖說「男降女不降」，現代「洋裝」對被殖民的新一代女性而言，卻不只是新朝服飾，而多加了一份摩登的、時尚的、解放的意義。這恐怕是接受日本現代化教育的她們新一代女性，會決然地放棄唐裝改穿洋裝的主要因素。或許就因如此，她們比起同輩男性在服裝上享有更大的自由與自主。

洋裝的創意新天地

母親這一代台灣女性，不僅以白色婚紗禮服來甩開傳統的羈絆，也開展出她們自身多采多姿的服飾選擇。母親在光復後開辦的縫紉補習班，直到一九八〇年代大量成衣與女性工作機會出現前，一直都興旺不衰。尤其在一九六〇年代台灣經濟開始快速成長之後，就有大批南部農村地區的少女來到都市的縫紉補習班學藝，四個月一期的招生經常滿額，母親還必須解決她們的食宿問題。

在這張一九六九年的部分學生結業合照裡（圖19），可以看出當時風行歐美

15：一九三一年，三舅的結婚照

16：一九二〇年代末，台南固園黃家女兒的白色婚紗照
（圖片提供／黃天橫）

17：一九三〇年代施家阿姨的白色婚紗照

18：一九四〇年代母親的白色婚紗照

的迷你裙，也在對保守的台南發生影響，圖上不少年輕女性的裙襬都高過膝蓋了。相較於另一張一九六一年的學生結業照（圖20），大家都還穿著過膝長裙，可以說光復後二、三十年間，台灣女性繼續在經歷著她們服飾上的各種變化。這些變化自然有來自像迷你裙那樣外來的、全球性的影響，然而在沒有政治與文化的強勢制約下，也就有了很大的揮灑空間，有了想像與創新的自我發展元素在內。

有一張一九五六年的老照片（圖21），是在母親的縫紉班參加台南市政府舉辦的服裝設計展覽會場照的。母親回憶，這是市政府社會課裡一位對服裝設計很熱心的股長推動出來的，還連續辦了好幾年。那時既沒有今天的夏姿、林臣英等那種服裝設計名牌，也沒有大專院校的服裝設計科系，女性服裝設計的中心大半在縫紉補習班。於是全台南的縫紉補習班傾巢而出，包括名歌星文夏家裡開辦的文化縫紉補習班，都將自家設計出的最時尚、新穎、美麗的女裝，拿出來展示，爭奇鬥豔。

我那年才五歲，還沒上小學，只記得全家人爲此忙得人仰馬翻，連家裡幫傭的農家小姑娘阿菜都穿得漂漂亮亮上場幫忙，我也跟著興奮不已。會場的布置由還在外地銀行上班的父親一手包辦，父親寫得一手好字，所以各種招貼、名條與說明的書寫也都由他負責。母親回憶說，市府首次辦展覽的準備時間甚為匆促，認眞求好、不願輸人的她動員全班設計縫製，在短時間內推出因應各種場合與年齡的多種款式。這張照片正是在母親的縫紉班展覽會場布置完成後，大家終於可以鬆一口氣，在會場一角坐下來的合照。

從台灣衫到旗袍的連結

可以說光復之後，台灣女性的服裝有了更大的變化空間與自主性。在這種氣氛下，她們當年曾流行過的旗袍，也自然成為一種正式的女性服裝樣式，以各種變奏出現在領子、袖子、衣襟、裙衩上面，這在那張一九六九年縫紉班結業照（圖19）上即可看到不少。

從這個服飾與身體的解放視角來看，母親那代女性即使不再穿上我祖母那一代人的台灣衫，但在日據時期當年卻曾不顧日本警察的禁止，把與台灣衫有著同樣源流的上海改良旗袍穿上身，這顯然還有著超乎時尚的、更長遠的意義

19

20

19：一九六九年縫紉班師生合影，可以看到開始流行的迷你裙與長髮

20：一九六一年縫紉班師生合影，還帶著一九五〇年代的遺風

21：一九五六年，台南服裝設計展覽會場一角，母親和她的助理老師們合影

在。光復之後，改良旗袍不僅不再有任何禁制，還被這一代女性接受成爲一種正式禮服，這裡確實是有著對女性的傳統台灣衫的遙相呼應的。母親遂在她四、五十年的洋裁教學上也將旗袍納入，而且在重要場合也會穿著體面的旗袍出場。

在這一張一九五〇年五月的照片裡（圖22），母親抱著周歲的哥哥，與父親及四叔在台北植物園合影。那時他們住在愛國西路的台銀宿舍，距離植物園很近，經常去那裡溜達，而她在這張照片裡所穿的旗袍，看來就只是一般的外出常服。在另一張一九五二年初我周歲時在台銀宿舍的照片裡（圖23），母親又是以旗袍的風采登場，像個民國女子。旗袍在那個年代似乎又再次以上海風采流行在台灣女性之間了。

在這張一九五七年的春節全家福照片裡（圖24），母親一身深色改良旗袍，而祖母也穿起比較寬鬆而接近傳統台灣衫的旗袍來。這時我們全家已搬回台南，母親並已開辦她的縫紉補習班數年。她們婆媳倆的穿著相映成趣，有著一樣的右斜襟，一樣的立領，一樣的單件長袍，卻代表著那麼不同的世代。對於女性而言，旗袍到了這個時候，既帶著身體解放的現代性，又有著延續傳承的意味。兩者對於走過這百年離亂的女性而言，似乎是不相衝突的。傳統立領斜襟元素的各種變奏，至此已經很自然地納入了女性的洋裝式樣裡。

兩代間的西裝與制服

一九五〇年代之後，台灣女性的服裝有著多樣的選擇與變化，然而男性則不分老少，繼續被包裹在拘謹的「西裝」裡面。在上一張一九五七年的闔家照裡（圖24），我們兩個小孩身上穿的都是母親細心打扮的西式童裝。戰後出生的我們這一代人從小開始，就已從內到外都穿上各種西式服裝，從不覺得那曾是奇裝異服。反而覺得祖母那輩人穿的傳統台灣衫，代表著古老與落伍，是一去不返的前前朝遺物了。然而雖然母親一代會在她們孩子身上打扮出體面整潔的形象，我們長大後卻成了不太重視服飾的體面與整齊的一代，至今還會爲此而被她們那一代老人不時地念念叨叨。

父母親那代人是極重體面的，這當然有著日本教育的影響，應該也有傳統的禮教因素。他們男性在正式場合是一定要穿上整套西裝的：上身穿白襯衫打

22：一九五〇年家人在植物園的留影

23：一九五二年作者（中）與母親、哥哥合影，可窺見彼時的台灣旗袍風采

24：一九五七年全家福照

領帶，下身是熨出筆挺摺痕的長褲，再加上與長褲同樣布料的配套大翻領毛料外套。後來雖然有以化纖混紡布料取代，但基本形制不變。這個被用來專指男性出門正式打扮的西裝之名，至此已經沒有太多「西方與外來」的意涵。而平常所穿的常服，雖然也已全是胡服，倒似乎成了與生俱來的服裝。這一張照片是一九六五年父親中學畢業三十年後的同窗會合照（圖25），全部人馬全身配套、西裝筆挺，髮型也是修得整齊光亮的所謂「西裝頭」。

與慎重而努力地穿上西裝的上一代相比，我們光復後出生的這代男性對服裝真是極爲缺乏感受度的。在這一張一九九二年我們初中同學畢業廿六年後的聚會合照裡（圖26），大家的年齡與上一張我父親同學合照時差不多正當盛年，但是很清楚顯示，我們對於在這種場合的服飾要求，已經大大不如父親那一代了，甚至連拍照背景都沒太在意。服裝對我們而言只是蔽體保暖之物，只要把這尷尬的身體包住就好，最好不要引起任何注意。

我們這一代的台灣男生，一樣是從上學啓蒙開始換穿學校制服，大概在這個時候，母親開始放棄了對兒子衣著的打扮。我們從入學開始直到高中畢業，這整整十二年的成長時光裡，最常穿的是學校制服。上學時上身穿白色或

25：一九六五年父親的三十週年同學會

26：一九九二年作者初中同學會留影

黃卡其上衣，下身則一律黃卡其褲；放學時間的外出服大都就只將學校上衣換上另一件沒繡上學號的灰白色調的上衣或台灣一直流行不墜的馬球衫（Polo Shirt）；冬天則再加上一些陰沉黯淡不起眼的毛衣或外套。就像一九六七年這張我們高中時的烏山頭自行車之旅的照片（圖27）所顯示的，男生在這段期間的平常服飾極爲斯巴達。

我記得高中時曾見到一位長得高瘦的同學，冬季時他在黃卡其上衣裡面加了一件有翻摺高領的紅色套頭毛衣，那個外露在灰暗卡其制服上的紅色高領，當時眞讓我欣羨不已。然而對大半男生而言，在那段成長時期制服卻也成爲可以讓你無須每天爲穿著操心焦慮的常服。

因此制服對我們而言，就只是被迫穿上的衣服，不具特別意義，已經不像父兄輩那代人穿上學校制服還有著代表社會菁英子弟的象徵意義。家族裡有著這麼一個傳言：父親與大他一歲的大伯，當年穿著中學制服（圖28、29）聯袂行走府城街上。由於他們都長得高壯，大大壓制了白金町的日本子弟的氣焰，讓他們不敢太囂張。由此還傳說我的三叔因此而進不了一中與二中。

到了我們的年代，中學制服確實已經不再有如此社會地位之象徵，而成

27：一九六七年騎車到烏山頭郊遊的台南中學生

28：大伯中學生照

29：父親中學生照

了天天在穿、無感不覺的常服。在下一張一九六九年我高中畢業的合照（圖30）裡，不管是前排師長身上的西裝與頭上的西裝頭，還是後面學生的制服與平頭，都只是那個時代的制服——制式的服飾。不過我們雖然還是身穿制服，但頂上的平頭卻已經留了好幾個月了。這是因爲那年過年後下學期來了新校長李昇，他一上任就給學生一個頭髮的解放，取消了南一中的光頭傳統，准許大家留平頭。然而雖有這個小小的解放，卻爲時已晚，我們上了大學出了社會，開始要爲自己選擇服飾時，還是手足無措。此後不管制服或西裝，都只是我們這代男性虛應場合的包裝布，就像多年之後我們的同學會（圖26）所呈現的那樣！

身體與服飾間的尷尬關係

因此雖然我們在小時候曾被母親以她們的品味細心打扮過，但在中學畢業脫離制服羈絆後，卻還是不知如何穿衣。這並非說我們無知於社會的標準，而是我們這代人其實並不存在一個清楚的標準，只覺得重要場合得勉強穿上一套西裝。

30：一九六九年，作者的南一中畢業班合照

31：一九四九年，四叔的南一中畢業班合照

這種所謂「西裝」基本上是以西方男人的標準身材、體魄與歷史環境發展出來的，也就以其尺寸與感受來設計。因此對我們而言襯衫袖子總是過長，領子總是太小，繫上領帶後脖子似乎就不見了，而過長的外套總是顯得上身臃腫，而下身短小。即使花錢去找西裝師傅量身訂做尺寸合身的一套，也總覺得是沐猴而冠。直到今天歐美名牌湧入台灣，還是如此。我們隨著流行從大翻領變成小翻領，從單排扣變成雙排扣，從雙扣低開襟變成三扣高開襟，後襬從開單衩、雙衩，到不開衩，然後又全部變回來，多只是隨著歐美的步調亦步亦趨。

台灣男性是從我父親那代開始全面穿起西裝的，他們那時可是曾經在他們父兄失落的眼神中，放棄了老唐裝，而努力地學習如何穿好這種上國服飾的。直到他們年老，也還會在諸多場合恭敬地穿上一套。但是他們雖然努力學得像有尊嚴的樣子，卻沒能慎重地把這套規矩傳給我們。或許這套服飾規矩本非他們自身之物，只是當年在精神的屈服下制約成的新標準，既非自主創新，也就無從傳承了。因此說到源頭，這套西裝穿在他們身上雖然極爲筆挺、看似尊嚴，但卻還是隱藏著一種對外來強勢文化的臣服關係，一種扭曲的尊嚴，而非來自身體的要求。

我們的上一代男性在服飾與身體之間，就因而沒能形成一種貼身的關係。這個缺憾在光復後還由我們這代人來繼承，不過卻也拋掉了那個臣服的幽微心情，以致連個規矩也不需要了。因此在脫掉我祖父輩的老唐裝之後，我們父子兩代下來，確實並沒能建立一個標準典範。何況在沒有像我父親那一代人所經歷過的那種社會標準的強勢要求下，這種成套西裝對我們而言，更是成了爲了應景而勉強穿上的包裹布了。在大部分場合，可以不必穿上一套，就不去穿它。

男生的頭髮也是如此，在中學六年的光頭與平頭之後，頭殼上新長出的毛髮雖說有種解放的感覺，但也變得難以馴服而累贅。父親這第一代現代人從年輕時就開始將頭髮剪短，而不再像前清遺老任令頭髮留長梳髻或結成辮子。然而我們東亞人的硬黑直髮在剪短之後是很容易就長成怒髮衝冠的樣子，必須用黏稠的髮油加上熱燙才能將它馴服平貼在頭殼上。因此父親那代人的頭髮總是經過這道程序才能齊整平貼、油光可鑑。但是來到一九六〇、七〇年代之交，我們這個本就不講究穿著的戰後新生代要像父親那樣搞個油光鑑人的頭髮，卻眞令人尷尬。想讓頭髮隨意留長飄逸又需要一種叛逆的心情，以及抵抗當年警察剪刀的意志。大學時光記得只有少數像馬英九、陳水扁等這些同學會將頭髮維持得油亮平整，大半男同學的頭頂可說不成髮型。因此我們這代人大多就只是定期讓理髮師自行剪出不會引人注目的髮式，平常日子對彼此的頭髮則是視而不見，直到華髮初生、頭毛漸稀。頭髮與西裝一樣，對我們這戰後新生代而言，成了只是蔽體的尷尬配件。

重新包裝台灣男性

戰後出生的我們這代男性不注重服飾儀容，部分或許與國民政府的教育有關。國民政府在服飾儀容的要求上，除了延續日本政府對中學男生的光頭與制服規定外，並不太在意。它沒有日本殖民政府在改朝換代時那般，有著改服易色的強烈焦慮與企圖。它在服飾儀容方面，也沒有日本人那樣的講究。而它自身也已是一個自行改服易色的政權，所有的常服、禮服、制服都已經西化了，雖然在某些場合偶爾會出現長袍馬褂的人物，但也只是應景點綴。何況台灣人也已經早就先被日本政府改服易色了。

從另一方面說，若日據時代的制服與西裝，也代表著對台灣男性身體的強迫就範，及對其自主意識的剝奪，那我們戰後成長的一代，會漫不經心地抗拒西裝，藐視制服，或許也是在設法為自己尷尬的身體尋找較多的自主空間。但不管如何，我們這代男性在服飾上的散漫態度，或許也顯示著其實已不再存在一個改朝換代的強迫處境。

其實戰後的那段時期曾經存在過如今看來還頗微妙的情境。這一張是一九四九年五月我四叔的南一中畢業班合照（圖31）。每個學生居然都留著長而有型的頭髮，像已留有多年，而非臨畢業才從光頭解放出來的樣子。原因是光復之後不再有日本教官，也就不再有軍訓式服飾儀容的要求，照片上坐在前排的師長也確實沒有一個軍訓教官。學生的服裝雖然儉樸，但並不像制服，既沒繡上名字與學號，腰上的皮帶也是各繫各的。而前排師長則大半蹺著腿，呈現一幅自在舒暢的氣氛。

然而學生服飾在光復後的這麼一個小解放卻維持不久。一九四九年之後，時局大變，台灣的中學全面回復日據時期的軍訓管理，南一中學生遂又回到光頭與制服的日子。直到二十年後的一九六九年，當我也從南一中畢業時才又開始鬆綁。

近年來，不知如何整飭儀容的我們這一代台灣男性，也慢慢開始穿上改良過的台灣衫／新唐裝，有些服裝設計師也在他們為台灣男性設計的衣服上，引進傳統元素。這在我們父親那輩人是難以想像的，台灣衫之類或只是其中的象徵樣式，都只能為他們喚回「落後的清國奴」的不堪記憶，如何能成為新的時尚呢？對於戰後新生代，這種傳統服飾元素的重回或許只是時尚，但也意味著這代男性的一個遲來的自我追尋，尋找著能夠與自己的尷尬身體相搭配的儀容打扮。面對成長於解嚴之後，從小開始就在打扮上用心操心的新新世代，我們這代男性的重新追尋也算是對失落的東西的一點補償吧！

如今回看一九二三年的那幀施氏家族合照，台灣男女服飾變化的方式與步調真是不同。在那張照片上，從幼年的母親到她年邁的祖母三代人，無一不穿傳統台灣衫。男性卻從第二代以下就全部改服易色，從表叔公輩開始就穿起筆挺的西裝了。然而近百年後，男性的這套打扮依然不變，他們屈服了的神魂依然被如此包裹。相反地，當女性後來有了改服易色的機會，她們似乎就很快地甩掉包袱，在她們新得的自由空間裡盡情揮灑了。而在這自在空間裡，她們長輩的服飾傳承也才得以改良的面貌重新被接納。這或許正印證了權力的性別差異吧。

2.0

線索

本來只是由於驚覺到我母親那一代女性的服飾變化而引發的好奇，最後竟然談到了台灣戰後新生代男性的穿著品味與服飾心理。其實這樣的跳躍並不突兀，因爲本來只是代代相傳、變化不多的服飾，處在社會巨變之下就會充滿歷史與政治的象徵符號，於是變化的就不只是服飾本身，也反映了整代人精神狀態的一面。

由此我遂進入了父親那一代人的心靈深處，企圖跟著他們從年輕時起，一起走過那段全盤接受日本現代化教育的過程。希望能藉由重新活過這段歷史，來解答我幾十年來深藏內心的一個困惑：在我們的成長年代，我父親那輩男性爲何是那麼無言？那麼壓抑？那麼面貌模糊？講白了就是，爲何那麼缺乏父權形象，甚至其實質（先不問這東西是好是壞，是對是錯）？

對我個人而言，這等於是一次心靈的尋根。我找出父親的中學畢業紀念冊，以及他在中學時期的老照片，並且拿出我的高中畢業紀念冊來做比較。我們都是台南一中畢業的，彼此相隔三十多年，其間景物依舊而人事全非的變化確實讓人唏噓不已。但是最令我感到興趣的卻是在心理狀態上的差異，我從我們父子兩代人在同一個中學受教育的老照片上，思索著這兩個世代極爲不同的成長處境。以此爲底我寫了〈父親的畢業紀念冊〉一文，來探究他那一代男性爲何一方面是台灣接受現代化啓蒙教育的第一代，另一方面卻又是喪失母語與歷史傳承，精神上連續受到屈辱與壓抑的失語的一代人。希望藉此能夠呈現出他們壓抑的心靈底層的歷史根源，或許有助於管窺戰後台灣歷史變動中隱晦的動力與暗潮。

2.1

父親的畢業紀念冊

寫真帖上的七十年風霜

父親的中學畢業紀念冊，我從小就會不時從櫥櫃裡找出來瀏覽，像似翻閱一本百看不膩的畫冊（圖1）。如今在他過世十多年後，我又再一次找出來摩挲細覽。

這是我看過製作最精美高雅的畢業紀念冊，橫式的裝幀，書頁卻是從左向右打開。精裝的封面包著酒紅色的輕柔絨布，書背的裝訂則是在右側上下穿洞，用兩條紫色絲絨繩子打結。絨布封面偏左上方以漢字傳統排法從右到左，用篆隸兼有的古體燙金印著「卒業記念寫眞帖」，其下一行小字「昭和十年二月」，右下角也是以小字印著「台南第二中學校」。

昭和十年是一九三五年，二月畢業是因爲日本學年從春季開始，寒假之前正是畢業的時候。七十多年前的這麼一本畢業紀念冊，經過歲月的風霜與人手的摩挲，那封面上的輕柔絨毛多已剝落，燙金字開始掉色，裡面印著精美圖片的冊頁也已泛黃。這些冊頁用的是頗厚的精美銅版紙，或許是歲月的關係，也或許原本就是如此選紙，頁面並不泛出一般銅版紙的蒼白亮光，但仍可讓人觸摸出它的質感。每一張冊頁只有一面印有圖片與說明，每頁之間還夾著半透明的薄紙來保護印面，而這些薄紙也多已印痕渲染或撕裂散落了。然而雖然經過如此的歲月與人手，裡面的每張圖像卻都還是精美而清晰，如今我再次翻閱凝視，心中又湧起童年起就開始的那熟稔感覺。

這確實是一本十分用心設計、製作精美的畢業紀念冊。就像我們這些不曾經歷過那年代的晚輩自小就從父母那裡感受到的時代風範，甚至連那遺風都不曾體會過的我的再晚輩，譬如一九七〇年代以後出生的，也都會一再用以來抱怨如今的粗俗，以稱頌那年代的精美。然而對從小就一再瀏覽這本冊子的我，從來給我最驚嘆的卻不是這些表面的包裝，而是那裡頭的寫眞照片所呈現的內容。

這本畢業紀念冊的首頁，如同現在的一樣是幅校門的圖片（圖2）。當年日本人與台灣人讀的學校是有區隔的，州立台南一中主要是日本子弟就讀，只有少數成績好而有關係的台灣學生才能進去。給台灣子弟就讀的是州立台南二中，它不像州立台南一中那樣位於新闢的大馬路上，而侷促在東城牆裡邊的一個舊名竹園的小崗上，面西的校門設在一條上坡小路的頂端。因此，雖然老校

1：父親一九三五年的中學畢業紀念冊

2：一九三〇年代的台南二中校門與校旗

3：一九六〇年代的台南一中校門

舍蓋得也是富於那個年代的風格，可以被當成古蹟保存，就因爲這麼一個狹小的入口位置，位於校門之後的校舍大樓建築，不管蓋得多雄偉，也就難以整棟進入照相機的鏡頭裡。這個主體大樓只有二層樓高，其實只能說是典雅而稱不上雄偉，何況校門與大樓間的狹小空間還布置了一個植栽堆石造景，更見其侷促了。這張一九三〇年代初的校門景象，直到三十多年後的一九六六年我就讀同一間學校時（圖3），沒有太大變化。這時這同一所學校在光復之後已被台南市民改名爲台南一中有二十多年了。

從一九三〇年代到一九六〇年代這三十多年來，校舍的主體沒有變化，多出的除了一些新建築像藝術館與科學館外，主要是向東邊擴展的校地。原來的校地東邊被限制在府城東城牆一線內，那時城牆在「市區改正」計畫下剛被拆毀，卻尚未開闢出南北貫穿的新馬路，附近也多農田與樹林，學生的進出只能經由西邊的正門，東城牆一線後來才被開闢成今天成大老校區所在的勝利路。光復之後學校也跨過勝利路取得另一塊我們稱之爲二部的校地，於是騎腳踏車上學的大半府城學生，就都從這條大路上的後門進出，卻不熟悉那個侷促在小路盡頭的西邊大門了。反而外縣市來的通車學生每天都要進出這個老校門，他們每天早上在火車站與旁邊的公路局站下車整隊，列隊走過博愛路，再從這條四維街小路左轉走到這個大門。放學後再依循原路走回車站搭車回家。這個老校門成了通學生早晚進出的熟悉所在，反而與城裡的學生疏遠了。

然而學校的主要建築數十年如一日，包括行政與教室兼用的二層樓U型主體，和位在校園中心與之形成E字形的小禮堂，另外還有一棟原是武德館，後來做爲圖書館的平房。我細細檢視紀念冊裡呈現的校園房舍，發現除了這棟稍帶和風的平房外，並無其他日式房舍，就是說主要都是歐式建築（圖4），至今都還保留下來，連學生的桌椅都一模一樣。

紀念冊裡唯一呈現強烈日式風格的建築卻不在學校裡面，那是具有十足象徵意義的台南神社。位於城南樣仔林的台南神社用來祭祀戰死台南的日本北白川宮能久親王，在冊子裡出現了幾次，有一幅它的正面圖與鄰近的台南孔廟放在同一頁（圖5），日式鳥居的極簡橫槓與閩南風格飛揚的燕尾屋脊形成對比。還有一幅是以神社爲中心，從南邊地方法院屋頂的高處視野所呈現的「台南市全景」（圖6）。

從童年起，這些台南神社的舊圖片一直被我用來與當時嬉遊所在的忠烈祠

4：一九三〇年代的台南二中校舍與朝會
5：一九三〇年代的台南神社與孔子廟

6：一九三〇年代從台南法院屋頂鳥瞰台南神社的「台南市全景」圖

做參照。光復後這個坐西朝東的神社改為忠烈祠，布局沒變，建築與造景包括鳥居則全改建為中國樣式，只留下一對銅馬和一對銅獅。做為民國的忠烈祠，它從來就不曾給過我太強烈肅穆的感覺，它的樹林與空地成為附近人家乘涼與小孩戲耍之處。我小時在那裡玩過多少球類，炕過多少番薯，觀察過多少蜻蜓、夏蟬與蝌蚪，把它當成都市裡的小荒野。它的西南角曾有座國民黨部禮堂——實踐堂，卻主要用來演二三輪洋片，是我們少年時代看便宜電影之處。北邊側門內的一棟房舍也曾是青年救國團的台南團部，在一九六〇年代還曾聚集了不少文藝青年。西北角一塊樹林則曾長期做為菜市場，也是我少年時期經常光顧吃麵的地方。整個忠烈祠的氣氛是歡愉熱鬧的，從來不讓人感覺到太多莊嚴氣息。然而我翻看著紀念冊上的這些神社圖片，卻仍可感受到這地方所曾有過的令人震懾的威勢。只有那始於明鄭時期的孔子廟，如今依然典雅肅穆地佇立在那裡，數百年如一日。

無所不在的帝國威儀

當我回味在忠烈祠的童年歡愉氣氛中，又反覆檢視著父親畢業紀念冊裡的這幾幅神社圖片，對比的強烈還是再次震撼我，尤其是其中一幅神社參拜圖（圖7）。

這幅題爲「台南神社祭之參拜」的圖片，呈現當年台南二中學生在神社祭拜的場景。他們面對著不在畫面上的神殿，整整齊齊地列隊站在中央神道上。最前面是掌旗學生與圍在他左右和身後的五個武裝護衛，掌旗者伸出一手將旗桿斜下以示敬禮，五名護衛則雙手持槍舉在胸前行禮。他們後面站的是身穿軍服的帶隊教官，戴著白手套的右手持著一把軍刀，斜向右邊地上揮出一個軍刀敬禮式。接著是一排穿著禮服的文職教員，脫帽行鞠躬禮。最後則是腳打綁腿、腰繫彈袋、背行軍包、行持槍禮的全體學生了。如果不知這群學生是一九三〇年代的南台灣子弟，就眞會以爲是一張日本青年學生正在展現其日正當中的帝國威儀呢！（圖8）

紀念冊上還有另一組圖片呈現相同的主題。上面一幅題爲「招魂祭之參

7

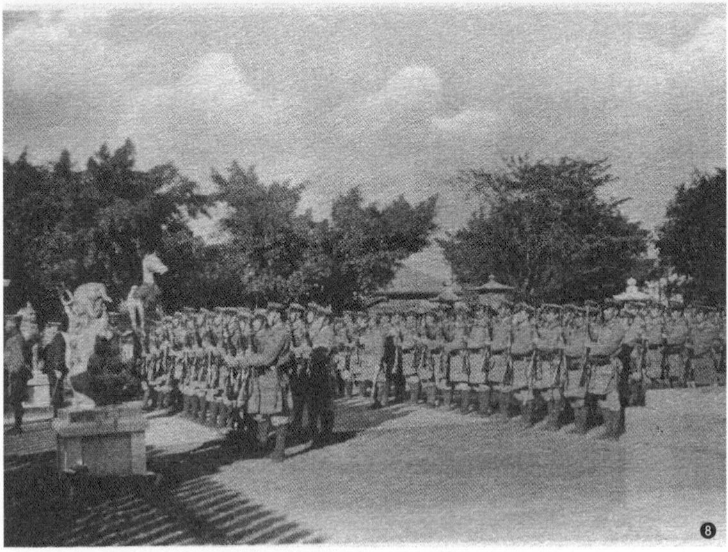

8

7：一九三〇年代台南二中學生參拜台南神社

8：一九三〇年底參與鎮壓霧社賽德克族造反的台南部隊（第二聯隊）「凱旋歸來」後，來到台南神社參拜（取自《霧社討伐寫真帖》一九三一年二月）

拜」（圖9），參拜的是位於台南公園裡的「忠魂之碑」，由其集體祭拜的軍事儀式來看，所招之魂應是陣亡軍人——占領台灣之役時陣亡的日本軍人。其下兩幅則分別是學生在操場上的分列式與閱兵式（圖10、11）。我終於從那張閱兵式的背景認出所在，那不是學校操場，而是當時在學校附近日本駐軍的步兵第二聯隊司令部。當時日本帝國在台灣的駐軍一南一北有兩個步兵聯隊，第一步兵聯隊駐紮在現在台北的中正紀念堂那一大塊地，第二步兵聯隊則駐紮在台南。

這個有著莊嚴建築與大操場的帝國駐軍步兵第二聯隊司令部，光復後成了國軍的營區，還曾是孫立人部隊的駐紮地。然後在一九六六年被撥給成功大學，即是如今以大榕樹、大草坪與老建築聞名的光復校區。我在一九六〇年代後期就讀台南一中時，經常與同學來到這裡徜徉，當時只稱羨它的建築之美與草坪之大，並不知道這裡曾是日本的一個陸軍司令部，也不知道父親在就讀我同一中學時曾在這個大操場上操練過。州立台南二中在父親就讀的一九三〇年代那時，校園甚小，並無操場，於是學校借用了附近的這個練兵場。而我們就讀省立台南一中時雖已有了大操場，但卻不再時興做這種軍容壯盛的訓練與宣

9：一九三〇年代的台南二中學生招魂祭之參拜

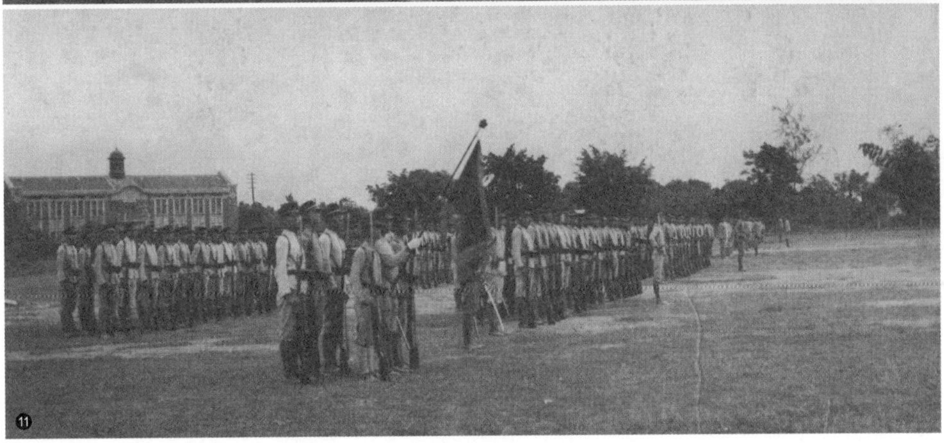

10、11：一九三〇年代的台南二中學生分列式（上）和閱兵式（下）

示了。

我父親就讀台南二中的時間是一九三〇年至一九三五年（當時中學校是五年制，不分初高中），正處於日本帝國上升到頂點的時期。他們一進學校就開始接受日本式的現代化教育，以及帝國的意識灌輸與禮儀訓練。當時這些台灣菁英子弟是要被教育成能爲帝國死命的一分子的，全副武裝到神社參拜只是其中的一個環節，整個中學教育就籠罩在極爲我武維揚的帝國氣氛之中。在畢業紀念冊上翻開學校大門的首頁之後，校長穿著戎裝禮服、配掛勳章、手持軍刀的威嚴圖像就呈現在眼前（圖12）。軍人身分的校長清楚呈現帝國的教育目標，過不久帝國的台灣總督也回復到由有軍職身分的人擔任，全面走向了戰爭。我一再凝視著紀念冊上的這些圖片，又拿出父親留下來的學生時代的其他照片一幀幀端詳，揣摩著他在那成長關鍵期，處在這麼一種極爲高漲的帝國意識及其嚴厲的禮儀規訓之中，生命是如何成長的？

一九三〇年代台南神社所在的樣仔林老民居附近的市容，多已在一九一〇年代開始的「市區改正」計畫下被大幅變貌。樣仔林南邊一帶原是連橫家族世居的馬兵營，這時早已蓋成現代法院、監獄與刑場。漢人最後一場武裝抗日鬥

12：一九三〇年代的台南二中校長

爭，一九一五年的台南西來庵事件（又稱噍吧哖事件）的志士，就在這裡受審與行刑。

坐西朝東的台南神社蓋成之後又在過馬路東邊加闢了花園外苑，一直延伸到孔子廟牆邊，還在廟旁建了一座標榜武士道的武德殿。神社北邊則闢出當時最大的馬路末廣町／銀座通，從台南州廳、五層樓林百貨，到母親年輕時工作的洋裝店，都在這最時尚的銀座大街上。台南神社就位於這個現代市街改造的中心位置。這新市街上的帝國象徵建築，是當時台南的青少年學生接受文明開化的場域，而神社則是他們接受這文明開化核心的現代帝國意識時，必得來恭謹朝拜之所在。

逐步走進帝國的中心

父親那一代人出生時，台南開始了新市街的改造，到他們中學時代已基本完成。那時他們可能連十多年前發生在同一城市的西來庵事件都不清楚，何況那座西來庵的寺廟也已不見了。但這張一九三二年他們二年級時的合照（1.1圖

14）卻總是讓我覺得，照片上的每一個神情都是在一番嚴酷的震撼教育之後才能有的。這個嚴酷來自管教者，也來自同學。父親就讀台南二中時年齡比同級生大了幾歲，這幾年我才聽說他原是讀台南一中的，卻因爲與日本同學打架被退學，才轉到台南二中來而晚了幾年。我想到父親向來的那個倔強脾氣，必是難以忍受一中的日本同學的氣焰，才會與他們衝突的。

不過在那年代不管再怎麼頑強，也終要被帝國的威勢所鎭壓。我想像著他們曾受過的，後來我一再在日本電影上看到的，長官對下屬、教官對學生，以及學長對學弟的種種嚴厲手段；想像著他們如何接受充滿「男性氣概」的訓練，從男孩長成男人；想像著他們如何從那般稚嫩而帶些驚恐的神情，變化到能在高年級時全副武裝以分列式行進的那種威風凜凜的神態。這個過程在父親另外留下的一批學生時代照片上也是有跡可尋的，奇怪的是這批旅行照片包括這張二年級合照卻都沒登上畢業紀念冊。

從一九三一年起，他們開始跨出舊府城範圍到外頭旅行了，甚至進入台灣原住民的領域，就有了這張阿里山神木前的合照（圖13）。如此大張旗鼓上山進入原住民領域，他們的上一輩人是無法想像的，必然讓他們體會到現代帝國無所不在的威力。這時發生於一九三〇年底台灣原住民的霧社抗日事件剛過不到一年，而這一年帝國也正開始宣揚起吳鳳的事跡。

但更重要的是他們也必得去參拜帝國在台灣的最高精神象徵物，升上三年級後他們終於有機會來到台灣總督府所在的台北旅遊，並且不能漏過位於圓山、島內位階最高的台灣神社。這張參拜台灣神社的合照（圖14）正是他們在一九三二年十二月來到台北旅行時的其中一張。

在這個接受帝國意識薰陶與訓練過程的最後，又不能不到它的眞正中心。父親中學那一年級終於在一九三四年七月的五年級暑假，亦即畢業學年的年中，搭船前往帝國的中心東京旅遊（圖15）。

在東京旅遊的照片中，除了江之島與東鄉元帥*的多摩墓地外，他們還在很重要的兩個地方留下了身影。一個是奉祀這個現代帝國的開基祖明治天皇的明治神宮（圖16）。另一個是帝國實質統御的最高精神象徵，天皇家族所居的皇宮。以他們的身分當然不得其門而入，但也與其他人一樣在皇宮護城河上的二重橋前留下足跡（圖17）。此外他們還去了名古屋南邊的三重縣，除了在附近的二見浦夫婦岩留下身影外，更重要的是去參拜祀奉日本眾神之祖天照大神的伊勢神宮（圖18）。

這些照片並未登上父親的畢業紀念冊，編者或許覺得不具代表性，或許另有我們不得而知的考慮。但父親中學時代從稚嫩童顏長大到成熟青年，這五年的朝聖之旅對那代人所起的震撼教育，如今我參照著日本地圖一張張翻看，仍可感覺到那餘波。

然而這麼一種無所不在的帝國威勢，眞能讓當時的台灣菁英子弟心悅誠服嗎？來到一九四四年父親在台南的貯蓄銀行工作時，帝國的敗象已明。他和幾個中學老同窗在聚會時不免會談起時局趨勢，有人提議爲將來計應該加強英語並學習北京話。不料在那年九月底的一個清晨他正要出門上班時，卻出現兩個日本便衣憲兵將他帶走。當年日本憲兵隊是負責帝國的偵緝任務的，很可能是參與那幾次聚會的老同窗中，有人去告了密。那時父母他們才剛新婚沒幾天，母親慌了手腳，託人打探送禮，終於在一個星期後讓他從日本憲兵隊憔悴不堪

註：東鄉平八郎（一八四八～一九三四），日本海軍元帥，一九〇五年日俄戰爭時率日本海軍擊拜俄國艦隊。

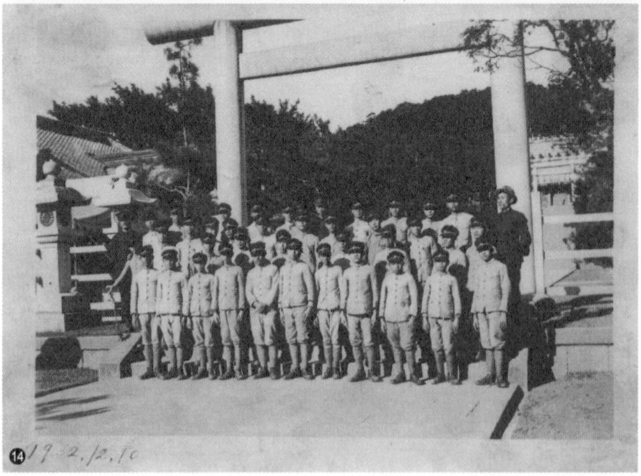

13：一九三一年十一月台南二中學生在阿里山神木合影

14：一九三二年十二月台南二中學生到台北圓山參拜台灣神社

地出來。沒過幾個月，美軍飛機就開始大舉轟炸台灣的幾座城市了。而他們其中那個帶頭者，或應說倡議者，則被關到光復之後才得出來。父親生前絕口不提此事，母親也不知當時那夥人真想幹些什麼。如今看來他們打的主意應該不會太嚴重，但對那走向崩潰而密探遍布的帝國而言，卻是草木皆兵了。這些曾被嚴苛灌輸帝國意識的台灣菁英子弟，到頭來大多數人並沒想要爲其死命，然而那些令人震懾的帝國威儀卻是讓他們終生難忘。

兵荒馬亂下的從容自在

日本帝國終於崩潰，光復後台南市民立刻來了個正名行動，將台南一中與二中之名對調。顯然這批二中畢業的台南社會菁英要討回在日據時代當學生時所受的怨氣，並且讓他們的子弟像他們一樣從這所新台南一中畢業。舊台南一中的日本教師與學生都被遣送回國，學校一時辦不下去，剩下爲數不多的台籍學生只好全部轉到新的台南一中來，而四叔正是其中之一。他那時剛上中學不久，在舊台南一中時與父親一樣活在日本同學的鼻息之下，也挨揍過。光復之

15：一九三四年七月台南二中學生搭輪船前往日本旅遊

16：一九三四年七月台南二中學生在東京明治神宮合影

17：一九三四年七月台南二中學生在東京皇宮二重橋前合影

18：一九三四年七月台南二中學生在伊勢神宮鳥居前合影

後他隨著大家集體轉學到新台南一中，算是回到同胞的懷抱了。

四叔和他同學在轉學當天整隊從舊台南一中走到新台南一中，然而當他們走進那侷促的校門時，卻從那站在兩旁列隊歡迎的新一中同學之中，不時傳出「三腳仔」的笑罵聲。日據時期台灣人詆毀日本人爲狗，介於「日本狗」與「台灣人」之間，幫日本人做事或與他們太親近的，等於是介於四隻腳的狗與兩條腿的人之間的，就是那三隻腳的怪物，成績好或有關係而去讀日本人學校的學生也就被同輩的同學如此歸類。接著有一天四叔又被幾個學長從教室裡叫出來，他們先要他「把眼鏡拿下來」，然後輪流揍了他幾拳。經過這番儀式之後，四叔他們也就恢復了人的身分了。

光復後那幾年，四叔除了碰上二二八事件的短暫動盪外，在台南一中的學生生活顯然還滿愜意的。那幾年台灣的中學校很多是由大陸來的自由開明派人士主持，老師群中不乏進步知識分子，台南一中自不例外。四叔在那幾年不僅成了個文藝青年，嗜讀各種文學，開始以中文創作，畢業後也考上台大醫學院。他們那一班在一九四九年五月的畢業合照（1.1圖31），正呈現出那幾年的自由開明氣象。在前排師長席上，穿著淺色西裝的蘇惠鏗校長優雅地交腿而坐，其他老師也多穿著便服擺出同一姿勢。照片上看不到教官，因爲不再有軍訓。學生都留著看來已有一些時日的頭髮，上身穿的只是襯衫而不像制服，戴著眼鏡的四叔（第三排左四）在其中咧嘴而笑。整個氣氛完全脫盡昔日帝國的威武森嚴，也看不出當時海峽兩岸間的兵荒馬亂。

父親工作的貯蓄銀行在光復之後被併入台灣銀行，他也就成了台銀員工。國民政府整個撤退到台灣來之後，畢竟是個被逼到海角一隅求存的政權，並沒能具有像日本帝國那樣耀武揚威的氣勢能將其國族禮儀籠罩全島。在那動盪不安的年代，銀行顯然是個較爲安穩的工作環境。父親在那期間被調來台北總行工作，但似乎並沒太感受到時代的嚴酷，還常隨著台銀員工趁假日在北台灣到處遊覽。他們在一九四九、一九五〇年間遊過烏來、石門、蘇澳，在台北市的博物館、植物園留下身影，還在新公園打過棒球（圖19～24）。台北植物園鄰近台銀宿舍，是那時家人帶著剛出世的我們兄弟倆經常徜徉之處，父親在那裡拍了不少照片。那時大陸已是兵荒馬亂，國府政權奮力求存，而台銀的本省籍員工和眷屬似乎還是如常自在地過日子，沒太感受到時代的動盪。

19：一九四九年台銀員工遊石門

20：一九四九年七月台銀員工遊蘇澳

21：一九五〇年台銀員工遊台北植物園

22：一九五〇年台銀員工在新公園打棒球

23：一九五〇年四月台銀員工遊烏來瀑布

24：一九五〇年六月父親於植物園

戰後重來的國族教育

相對於父親那代人在光復之後從尙武的帝國規訓中解脫，我們戰後新生代則開始另一番國族威儀的體驗。國民政府在一九四九年退守台灣後，恢復了日據時期的中學軍訓，軍訓管教開始在高中實施。然而國民政府畢竟不是上升中的日本帝國，甚至也非強勢的國族政權，它的國族光環其實正在急速褪色之中。在我一九六六年進入台南一中時，它的一切軍事操練與禮儀就不曾令人感覺到那種我武維揚的雄風了。

一九六〇年代的台灣，台南一中的校地已經比日據時期擴大許多，有了個大操場，還建了一個大司令台。我們的校慶閱兵都在校內的大操場舉行（圖25），不需向附近部隊營區借用場地了。當我在經歷這些國族禮儀訓練時，心中總會浮出父親畢業紀念冊裡他們當年同樣場景的身影。而小時候翻閱父親的畢業紀念冊時，被其威勢所震撼的那種心情，在我自己所經歷過的軍訓管教中，卻完全不曾感受到。在一九六八年底我高三那年的校慶閱兵分列式，教官原本是要我們踢正步的，也訓練過好一陣子。或許因爲實在踢得不像，擔心反而出糗，最後一刻取消了正步，只要求大家齊步，於是我們就心情輕鬆地通過了司令台（圖26）。

我們從小學開始也會在國慶之日走上台南街頭遊行，並且一定要走上中正路，即是日據時代留下來的現代大街末廣町。有時是在白天，有時則是在晚上提燈遊行。我記得在一九五〇年代時，這樣的遊行還是城裡的盛事，到了一九六〇年代後期則逐漸成了虛應故事了。這時的國民政府既無帝國威勢，它的國族氣息也已奄奄，僅存悲情，慶典遊行也只能照章行事。

我翻著父親的畢業紀念冊，也看到他們在重要節慶時就已上街遊行了。他們那時就已要列隊經過台南州廳（今天的台灣文學館），走上新闢的末廣町（光復後的中正路）（圖27），也有夜間提燈遊行（圖28）。台南市民從日據時期開始，就習慣看著學生列隊走上這條現代大街遊行。我們父子兩代相隔數十年，做爲同一學校的學生，列隊走上同一街頭，只是我們這一代已很少像父親那樣全副武裝上街了。然而不管其中環境與心情的異同，直到一九六〇年代台南市民還是爭先恐後地湧到大街兩旁觀看這些遊行的。

只是我們畢竟已經沒有了那帝國威儀，甚至連那外表的服飾都只像在虛應故事。我們一點也不曾被那種軍訓管教所折服，甚至還輕視它，而屢屢以能挑戰反叛爲樂。高中時同學間就經常傳言某某教官被蓋了布袋痛毆的故事。在我們的畢業紀念冊上，校長也不再穿上威武的軍裝（圖29），像我父親年代那樣地威嚴若不可即（圖12）。經過三十多年，時代都變了。父親的中學年代，帝國正身處其最高峰，它剛拿下滿洲、進逼華北，蓄勢發動侵華與太平洋戰爭。那種不可一世的威武氣焰，常民可是有能力抗衡？而我們這一世代在一九六〇年代面對的卻是一個光環逐漸褪色的政權，做爲精神支柱的國族意識已經一再受到挑戰與消磨（在沒過多久的一九七一年，它就退出了聯合國），而只剩悲情。相較於父親那代人歷經日本帝國最高峰時期的威勢，我們這代人卻是在民國的求存困局及其逐漸傾圮中成長。我們從不曾被一個貨眞價實的國族威儀所震懾過。

兩代間的教養與叛逆

比起父親上中學時籠罩在那種走向帝國戰爭的氣氛，我們雖然只能得到褪色的東西，然而我們人格成長的一九六〇年代，卻是個逐漸走向開放與自由的台灣文藝復興時期。經過一九五〇年代的肅殺，這個被逼到海角的政權重新定位，在加工出口的經濟發展政策下接續成長起來的紡織、石化與電子產業，竟讓台灣成爲全球經濟的一個重要環節。隨著經濟的發展，六〇年代的台灣在政治上也逐漸開放，我的整個中學年代正是地方選舉走上熱潮的時候，每當選舉來到就聽到候選人聲嘶力竭的拜託聲。而最大聲的總是那黨外人士的吶喊，他們在台南當選的機率一向頗高，對我父親這世代有著極大的吸引力。然而對愛好文藝的青年學子而言，更精采、更有吸引力的卻是書店裡大量湧現的各種報刊圖書。

一九六〇年代是台灣的文藝復興時期。相較於西方文藝復興的從神權籠罩下解脫，台灣則是從一九五〇年代的禁制中鬆綁。雖然《自由中國》已遭停刊，卻又出現出版的榮景。那時不僅冒出許多新出版社，像文星、水牛、志文等，出版大量新書與叢刊，包括在地創作與外文編譯；更有很多大陸遷台的老出版社，如商務、世界、中華等，也將他們在一九二〇到四〇年代大陸時期的老書大批翻印出版。其中尤其是商務的「人人文庫」，涵蓋大陸時期那二、三十年間的各種思潮與論辯。如此新老書店如雨後春筍，一套套文庫接續出

25

26

27

28

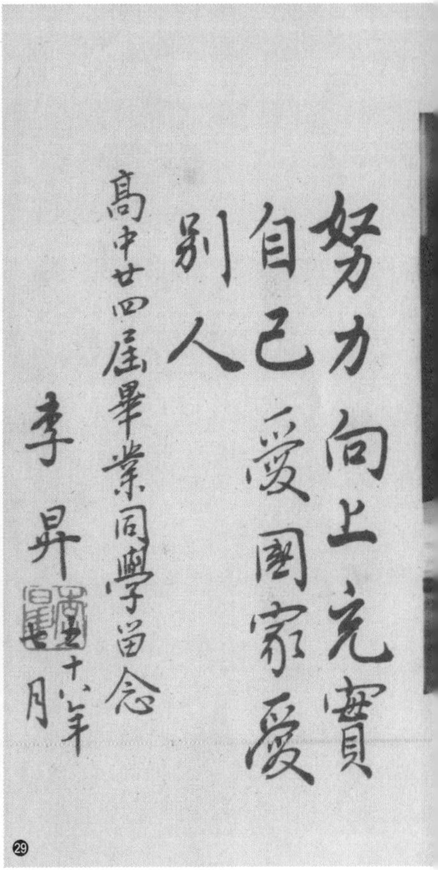
努力向上充實
自己愛國家愛
別人
高中廿四屆畢業同學留念
李昇
十八年
月

29

25、26：一九六八年底台南一中校慶閱兵式（上）及分列式（下）

27、28：一九三〇年代台南二中學生端槍走過台南州廳（上）及夜間提燈遊行

29：一九六九年台南一中畢業紀念冊上的校長頁

版，有如一場思想的盛宴，帶給當時戰後新生代在其青少年成長期間巨大的啓蒙影響（圖30～33）。

回想起來，這種感動遠遠超過今天進到誠品旗艦店，面對滿坑滿谷圖書的震撼。這些文庫都印得小小一本，尤其是人人文庫，剛好可以藏在課本後面，不會被台上的老師看到，不管他在講些什麼，你就逕自沉浸在這些遠爲精采多了的課外書裡。這是個台灣文藝豐收的時代，不僅大陸來台的青年作家開始大量創作，新生代的台灣青年也很快地掌握了白話中文。文學創作者紛紛冒芽，甚至長成大樹，創作出

30

31

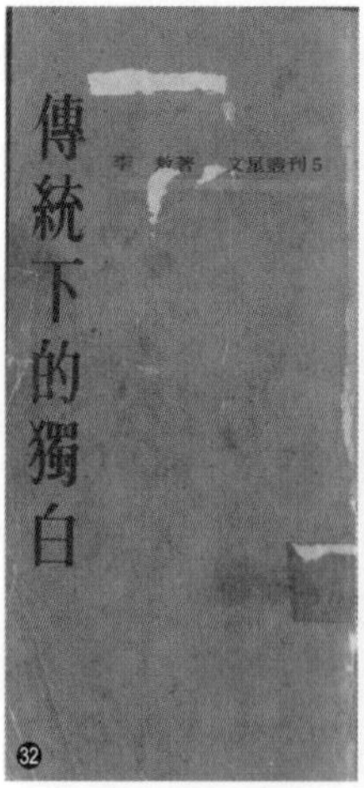

32

大量文藝作品。這個時代產生了陳映眞、黃春明、季季、施叔青、王禎和、七等生、鄭清文、李昂等本省作家，甚至開創了鄉土文學的流派，引發風潮，成爲一九七〇年代後期鄉土文學論戰的文本基礎（圖34、35）。

在這麼一個文藝復興的氛圍下，我們除了有豐碩的文藝作品可讀外，還有殷海光、柏楊、李敖等人透過文字而來，在《文星》等報刊雜誌上爲自由民主與個性解放而發的吶喊。即使他們的書有不少隨後被禁刊了，但在一些街角的舊書店或街頭的小書攤上卻多找得到。他們這些吶喊遂一聲聲地穿過學校圍牆，進到爲聯考而焚

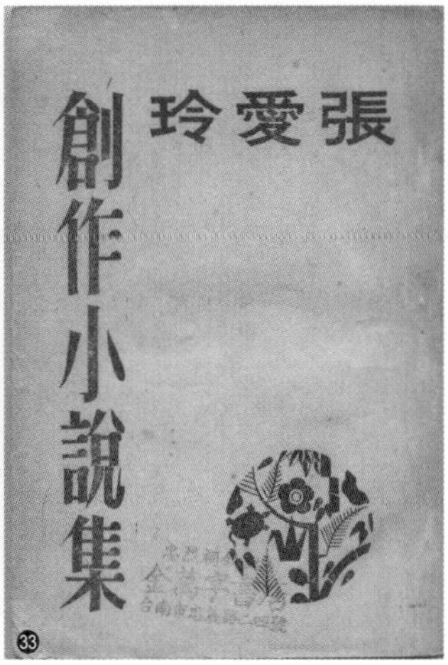

33

34

35

膏繼晷的青年學生心裡，爲他們開啓了另一扇窗戶。

相較於我們在一九六〇年代的啓蒙，台灣知識分子曾在一九二〇年代以文化協會及民眾黨爲中心展開過一場民眾啓蒙運動，然而來到我父親就讀中學的一九三〇年代卻已經進入尾聲，領導人蔣渭水也在一九三一年過世，而台灣則整個進入了帝國備戰狀態。我於是思索著，父親在中學時期除了感受到那個帝國意識的威壓外，還曾聽到過什麼啓蒙餘音？有過什麼追求？

我試圖在父親的畢業紀念冊上尋找線索。在翻過同學個人照冊頁之後有幾頁圖片，就是他們的課外活動（圖36、37）。他們當年的社團顯然十分多樣，課外活動不少，有劍道、柔道、書道等傳統技藝，還有古典樂、口琴、繪畫等西方藝術，當然更缺不了野球（棒球）、庭球（網球）等運動項目。從這些老照片來看，他們那時的課外活動眞是多采多姿，顯然每個學生至少要參加一項。我從父親畢業紀念冊的同學名錄上算一下，那一年級總共畢業了八十五名，分成兩班。全校五個年級不超過五百人，若只以三個年級來算則只有二百五十人左右，還不到一九六〇年代台南一中學生的十分之一。那時全台灣沒有多少中學校，每個學校又只有這樣的學生數目，可說是菁英教育了。這批台灣菁英子弟

36、37：一九三〇年代台南二中學生的課外活動，包括：劍道、柔道、茶道、棒球、網球、雕塑、繪畫、口琴、西洋古典樂與書道等

在畢業時，曾以不錯的毛筆字，在兩塊綢布上寫下了他們的人生感言（圖38）。

我反覆瀏覽紀念冊所呈現的這些既有嚴厲帝國規訓，又有高雅菁英教養的組合，揣摩著它帶給父親那世代的心智衝擊，遂依稀勾起沉澱在心底的記憶感覺——我剛上南一中時的失落感。父親畢業紀念冊上的這些課外活動圖像，曾經是我童年歲月對高中生活憧憬的來源，直到我自己也上了台南一中。這時的南一中卻已經沒有了父親那時代的高雅文化教養的氣息了，除了褪色的國族教育外，就是以聯考爲重心的氣氛，學生的課外活動很少，就只有一個負責升降旗典禮的管樂隊、一個合唱團、幾個球隊，以及校刊社。在三千人之眾的學生中，這些可數的社團只能容納其中少數，就是說大多數學生是不曾參加課外社團活動的。

一九六〇年代的台南一中在國民政府大眾化的平等教育政策下，已經成了一個平民化的中學校。做爲平民晉升階梯的升學聯考制度，成了教育的重心所在，卻缺乏多樣化的課外活動。但是被這個時代的文藝復興所啓蒙的少數青年學生，卻有個重要的聚會所，就是每所高中出版校刊的那個「某某中青年社」（圖39、40）。心智早熟的青少年處在這熱騰騰的文藝思潮環境中，卻又苦於那

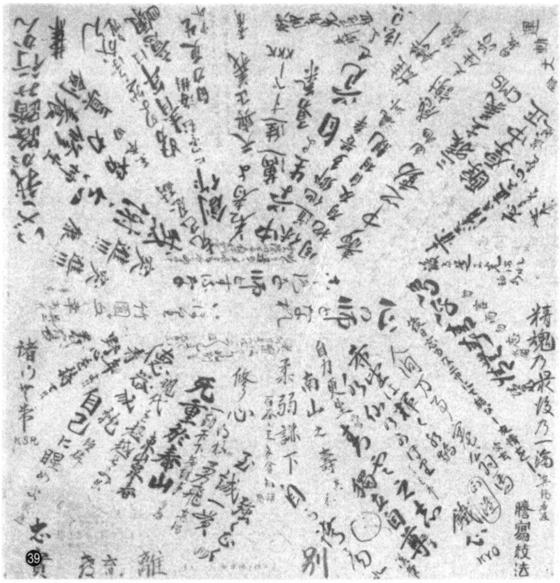

38：一九三五年台南二中學生的畢業感言

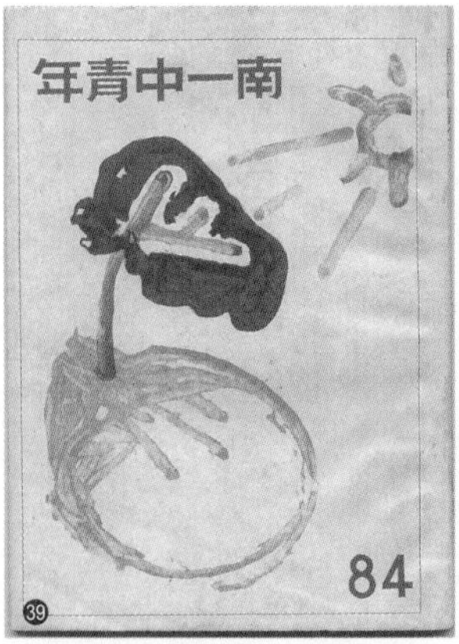

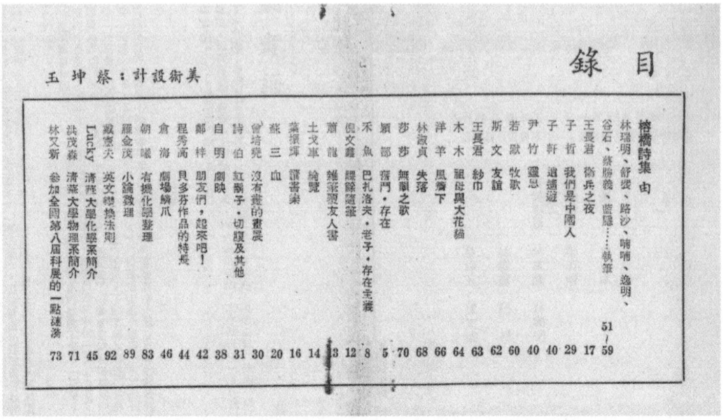

目錄

美術設計：蔡坤玉

檜橋詩集 由 林瑞明、舒煐、路沙、喃喃、逸明、谷石、蔡勝義、薔隱……執筆		51〜59
王長君	衛兵之夜	17
子 哲	我們是中國人	29
子 軒	逍遙遊	40
尹 竹	靈思	40
若 獻	牧歌	60
斯 文	友誼	62
王長君	紗巾	63
木 木	祖母與大花貓	64
洋 羊	風簷下	66
林淑貞	失落	68
莎 莎	無韻之歌	70
類 郎	狹門・存在	5
禾 魚	巴扎洛夫・老子・存在主義	8
倪文鑫	課餘隨筆	12
蕭 龍	雜筆覆友人書	13
土戈車	綺覽	14
葉攘輝	讀書樂	16
蘇 三	血	20
曾培堯	沒有義的畫展	30
詩 伯	紅鬍子・切腹及其他	31
自 明	劇映	38
鄭 梓	朋友們，起來吧！	42
程秀高	貝多芬作品的特長	44
倉 海	劇場鱗爪	46
朝 曦	有機化學整理	83
羅金茂	小論數理	89
戴憲夫	英文變換法則	92
Lucky	清華大學化學系簡介	45
洪茂森	清華大學物理系簡介	71
林文斯	參加全國第八屆科展的一點謎滴	73

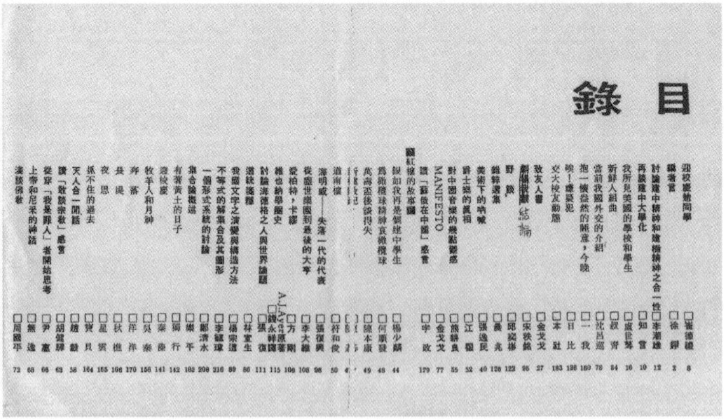

目錄

迎校慶勉同學	張德鏞	8
編者言	徐 靜	2
討論建中精神和建國精神之合一性	李潮雄	12
再談建中大學化	知 言	10
我所見美國的學校和學生	盛世琴	16
新鮮人組曲	叔 青	34
當前我國外交的介紹	沈呂巡	78
抱一懷盎然的睡意，今晚	一 我	160
唉！燒栗兒	日 比	138
交大校友動態	本 社	183
致友人書	金戈戈	27
劇場對話 結論	宋秩銘	95
野 旅	邱鎮揚	122
雜粹選集	費 兆	128
美術下的吶喊	張逸民	40
爵士樂的鼻祖	江 猛	52
對中國音樂的幾點觀感	熊耕良	55
MANIFESTO	金戈戈	77
讀「蘇俄在中國」感言	中 政	179
論紅樓的故事		
假如我再是個建中學生	楊少麟	44
為撫機球精神哀歌機球	何崇發	48
萬壽盃後談得失	陳本康	49
[illegible]	[illegible]	4[illegible]
道南樓	符和俊	50
海明威——失落一代的代表	張復興	96
從盛世樂園到最後的大亨	李大維	108
愛柏特，卡繆	方 剛	106
維也納學團史	錢永祥 A.J.Ayer原著	115
討論海德格之人與世界論題	張 復	111
遺缺議釋	林宣生	86
我國文字之演變與構造方法	楊宗道	80
不等式的解集合及其圖形	李毓瑋	210
一個形式系統的討論	鄭清水	208
集合論概述	樂 平	182
有著黃土的日子	獨 行	142
遊校慶	秦 森	141
牧羊人和月神	吳 秦	156
奔 落	洋 洋	170
長 堤	秋 樵	106
夜 思	星 賓	155
抓不住的過去	寶 貝	164
天人合一閒話	趙 毅	58
讀「敬鬼宗教」感言	胡健驊	63
從穿「我是野人」者開始思考	尹 憲	66
上帝和尼采的神話	無 逸	68
淺談佛教	周國平	72

39：一九六〇年代的一期《南一中青年》及其目錄

40：一九六〇年代的一期《建中青年》及其目錄

41：一九四八年的南一中學生編撰的刊物《奔流》封面、目錄與刊頭語

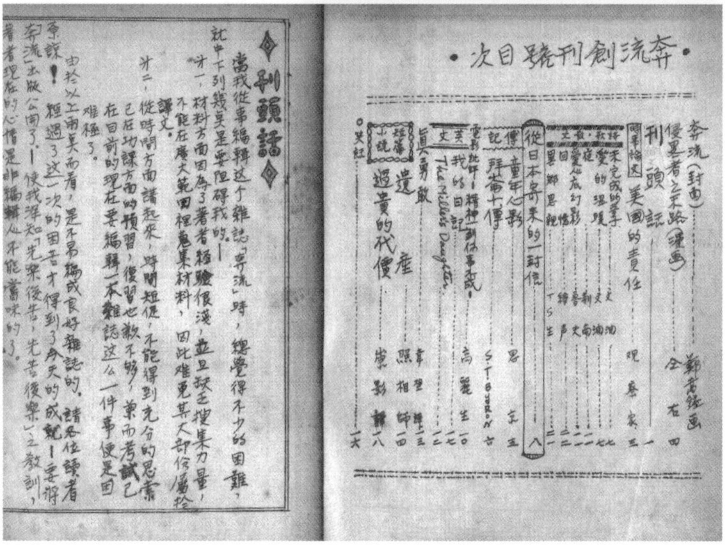

刊頭語

當我從事編輯这个雜誌「奔流」時，總覺得不少的困難，就中下列幾点是要阻碍我的。——

第一，材料方面因為了著者經驗很淺，並且缺乏搜集力量，不能在廣大範圍裡蒐集材料，因此難免其大部份屬於譯文。

第二，從時間方面講起來，時間短促，不能得到充分的思索，己在功課方面的預習，復習也嫌不够，兼而考試已在目前的現在要編輯一本雜誌这么一件事便是困難極了。

由於以上兩点而看，是不易編成良好雜誌的，請各位讀者原諒！

經過了这一次的困苦才得到了今天的成就！要將「奔流」出版公開了。——使我深知「先樂後苦，先苦後樂」之教訓，著者現在的心情是非編輯人不能嘗味的了。

·奔流創刊號目次·

奔流（封面）…… 鄭景鋒畫
優異者之末路（漫畫）…… 仝右 四
刊頭語 …… 一
時事論文 美國的責任 …… 觀察家 三
文藝·散文 未完成的夢 …… 文洲 七
愛的溫暖 …… 文淵 七
愛心底幻影 …… 剝南 一一
回憶 …… 香史 一一
畢鄉思親 …… 緯戶 二一
…… T.S生 二一
從日本寄來的一封信 …… 八
傳記 童年心影 …… 思宗 五
拜倫十傳 …… S.T.Byron 六
電影批評 精神…劇作事哉 ……
我的日記 …… 高麗生 一〇
英文 The Miller's Daughter …… 二七
真勇敢 …… 韋望輝 一三
遺產 …… 照相師 一四
短篇小說 過貴的代價 …… 崇影譯 一八
笑話 …… 一六

褪色的國族禮儀與現實的升學折磨，自然就會尋到這個帶著時代特殊性的某某中青年社來。幾乎大半在學的文藝青少年都會循線而至，或參與編輯，或幫忙寫作，或與其中人物掛上鉤。

其實自從光復之後，這些文藝青年就有了創作空間。除了日據時期的抗日文學工作者重新現身執筆外，大陸的文藝創作也大量湧入，並且來了不少追尋理想的知識分子。當時就讀南一中的四叔在這種氣氛中也成了一個文藝青年，並且在他畢業前一年的一九四八年自己編撰了一本題爲《奔流》的手工刊物（圖41），在同學中傳閱。四叔的這本小書，除了起頭的一篇時事分析與搭配的政治漫畫外，都是文藝作品。有中文創作小說、幾首現代詩、詩人拜倫小傳的翻譯、電影《居禮夫人》的影評、一篇托爾斯泰小說的翻譯、一封翻成中文的日本老同學來信。還有一首英國詩人丁尼生的詩作，四叔說：「很難翻譯中文，請讀者自己翻查字典吧！」這麼一本集評論、小說、散文與詩等文學作品的小冊子，全部用工整俊秀的鋼筆字寫成，還配上也是鋼筆畫出的各種精緻圖案。很清楚這是一個還是中學生的文藝青年，運用新學會的現代白話中文，進行他自得其樂的文學創作。

我高二時也開始與一批南一中青年社的成員相濡以沫，大家還組織過一個小讀書會，傳閱當時的激進書刊。我們中最博學的一位還把他的大量藏書攞到我家來，成立一個小圖書室。一直對過去默然的父親，這時竟也熱切地幫忙釘製書架來擺放這些突然增多的圖書。如今想來，我從高中開始惹來家人麻煩的不馴之舉，不知是否也勾起他中學時期的回憶。他原就讀州立台南一中時，就因爲受不了日本同學的仗勢欺人而與他們衝突，才被迫轉到二中來。我在高中時期的不馴，是否也讓他點滴在心頭呢？而二中之名是否就是在這些不馴的老校友推動下「正名」爲一中的？

無論如何，在我們就讀台南一中時，學校已經沒有父親那時上升到帝國高度的國族威勢了，父親畢業紀念冊上那種令人震懾的氣息，在我們的畢業紀念冊上完全看不到了。我們不僅不曾旅行到台北去參拜什麼，甚至也不曾去台南神社改建的忠烈祠參拜過。這個位於住家附近的國族聖地，早已成了我們童年的嬉戲地，也曾是母親開設的縫紉班結業生拍攝紀念照時一再選上的背景（圖42、43）。甚至對街日據時代留下來的武德殿（這時已變成忠義國校的禮堂）也列入她的景點選擇。

42：一九五〇年代的台南忠烈祠

43：一九五八年，母親的縫紉班在忠烈祠前合照

而且我們的高中時代竟然還有個文藝青年的叛逆溫床「某某中青年社」，傳閱著殷海光、李敖、陳映眞、黃春明的作品，討論存在主義與邏輯實證論的哲學思想，也發表些半生不熟的作品，是父親那時代難以想像的。我們已是活在一個逐漸開放的環境，不僅在台灣本地享受過一場六〇年代的文藝與思想盛宴，還如飢似渴地接收著全球性青年運動像民權、反戰、搖滾樂等的信息。一九六九年二月我高三畢業前最後一個學期開學，新來的校長李昇主動放寬髮禁，取消從父親時代就開始的學生光頭傳統，讓我們留起了平頭。

那年秋天我來到台北上大學，來到了國民政府的中心。剛來台北時，經常與同學周遊都會近郊。我們曾騎腳踏車來到圓山旁的台北忠烈祠，再一路騎到外雙溪的故宮博物院（圖44、45）。台北忠烈祠那時也只是我們的一個郊遊景點，而故宮博物院才落成不久，也是南部學子必遊之地。然而畢竟大學的自由精神與大都會的開放氣氛更具時代性，更吸引有過中學校刊社經歷的我們，忠烈祠已不像神社那般具有強盛帝國的壓迫性與吸引力了。之後與台灣所有年輕男子一樣，我們都進了部隊服兵役（圖46）。而國府的部隊，雖然比大陸時期已經有了本質上的改造，對我們而言竟只能成爲男孩出社會前「轉大人」的必要磨練，而難說被錘鍊了多少國族意識。

失落與希望

幾十年過去，來到我們這代人接受國民政府殘缺不全的國族教育時，我懷疑父親那代人是否已從那耀武揚威的帝國震懾中眞正脫身了？即使那個帝國在一九四〇年代隨之崩潰得那般慘烈，而對其子民與次等子民的輝煌承諾全部落空，然而父親那一代人卻只能將此榮耀的失落與被棄的哀怨埋藏心裡數十年，並傳染給我們，而從不曾有機會對此進行反思與清理。

來到一九七〇年代後期，隨著台灣的發展與鬆綁，很多人開始出國旅遊，尤其是有了經濟基礎的我父母那一代中產之家。日本往往是他們的優先選擇，這一幀正是他們那輩人的一個台南旅行團，一九七六年再次來到東京皇宮二重橋前的留影（圖47）。距離一九三〇年代帝國高峰期的朝聖之旅已過四十年，時局大變，他們中的男性的心情應該有著很大的不同。這時日本雖然不再是有著強大武力的軍事帝國，卻又翻身變成經濟大國。那個曾以帝國武力與禮儀令他們失魂落魄的國度，如今卻又以耀眼的現代商品令他們以及他們的後輩目眩神迷。那個年代日本品牌的電器用品開始充斥台灣市場，而日本的小汽車也已經打入美國市場。

我收攏好這些老照片，闔上父親的畢業紀念冊，如同往常那樣總會再度迷茫於父親在成長時期，被那個帝國體制所灌輸的威武男性氣概以及高雅文化教養，又會咀嚼起從記憶底層反覆浮現的失落感，遺憾著我讀台南一中時學校教育的枯澀。然而這一切如今認眞回首，我還是慶幸著自己沒活過父親那個時代，不必歷經帝國的威風與崩潰交加的那場噩夢，也慶幸著在台灣六〇年代文藝復興與啓蒙的熱火中自己能躬逢其盛，成爲生命中重要的成長經驗。只是不知父親那代人在昔日帝國即已種下，並傳染給他們的後輩的那種悲情與哀怨心結，在台灣人沒能有機會經過一番對被殖民經驗的全面反思與清理的狀況下，何時能解？

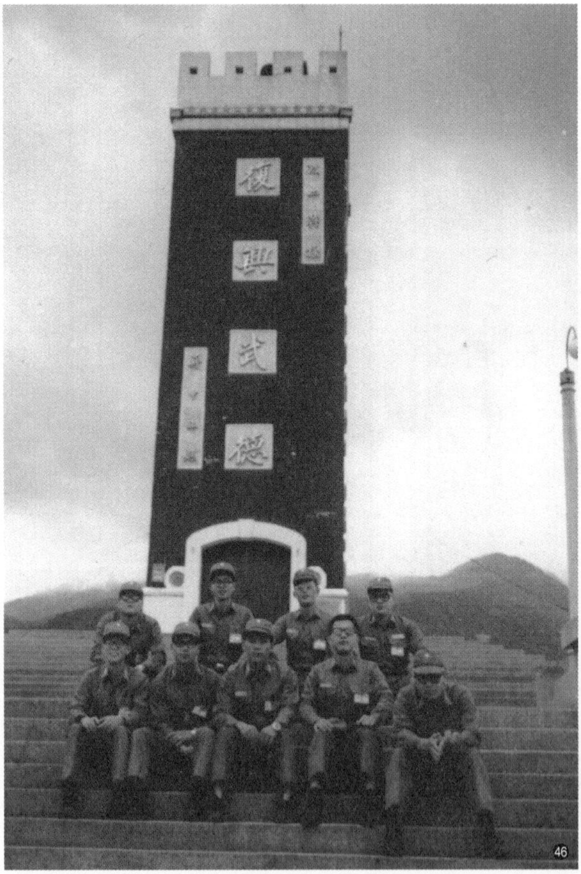

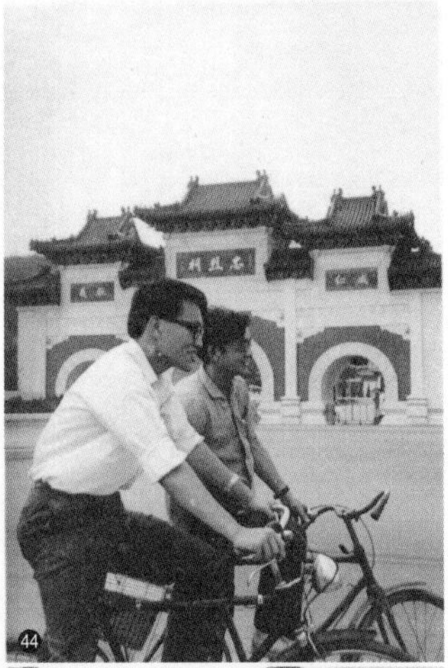

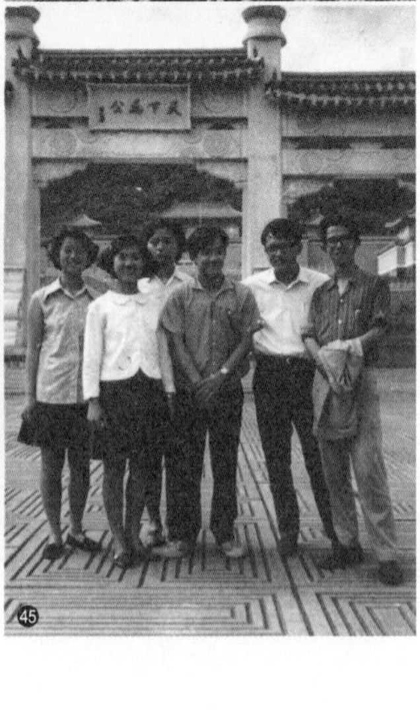

44、45：一九七〇年騎單車遊台北忠烈祠與故宮博物院的大學生

46：一九七四年的一班受訓預官在「復興武德碑」前

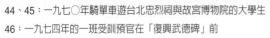

47：一九七六年的一個台南旅行團在東京皇宮二重橋前

3.0

解謎

在對父親的中學畢業紀念冊的回顧反芻，並走進父親那一代人的心靈深處之後，就不得不碰觸到在家裡與他們互補的另一半人，即作爲母親、妻子與姊妹角色的台灣女性，以及更重要的他們共同教養成的下一代男孩，即我們這些戰後嬰兒潮的台灣男性。我們的人格是如何深受他們上一代人彼此互動的影響呢？

二〇〇九年六月，有一位本省籍女性立委曾用對女性的刻板形象（「女性說『不』的時候，就是『要』」），來嘲諷男性政治敵手「到底是不是男人」而引發爭議。這樣的事總是讓我想到，她是否在投射出她不能明說的對身邊男性同黨同志的感受。我們這批戰後新生代如今都已在五、六十歲之齡，在台灣民主化的浪潮中曾經起過積極而重大的作用，現在正是當權主導之年。「同學少年多不賤，車馬衣裘自輕肥」，我的同學同輩中多有成爲公共人物甚至政治當權者，我們如今已是當家作主，不再像父親那樣失勢無言。然而多年來我們這代男性政治人物難以大方的公共表現，難免讓人想到我們還是深深受到上一代幽暗心靈的影響。

這次男女刻版形象事件讓我更深地體會到，我們這一代台灣「男孩」直到大權在握還不只活在壓抑的父親的陰影下，也繼續活在嬌寵的母親與姊妹的懷抱裡，這是我們這一代台灣「男孩/人」心理形構的基礎。台灣女性在這種家庭關係的共構中，也是形成台灣男孩人格不可或缺的重要部分。

由此我寫了〈尋找大範男孩〉一文，試著探索台灣戰後新生代男孩如何繼承他們父親輩的這種壓抑的精神狀態，而這種精神狀態又如何轉化成他們在公眾表現與政治行爲上的包袱。相反地，台灣女性在這歷史的連番變動中則表現得堅強而自在，成了台灣男孩的心靈支柱，然而卻又讓他們受到嬌寵而依舊難得大範*。

註：「大範」一詞在閩南語裡接近國語的大方、大氣，但又不全然是正面含意。

3.1

尋找大範男孩

——兼及失勢的父權與堅韌的女性

不敢「大範」的年代

一九六三年夏天我剛考完初中聯考的那個暑假，班上幾個要好的同學應邀到一位來自岡山醫生家庭的同學家玩。岡山鎮位於台南與高雄間，不少家庭把他們的子弟送到台南或高雄就讀。他大約在小三時就從岡山轉到台南的永福國校來（圖1），是我們這群玩在一起的同學中唯一的醫生子弟。

台灣醫生家庭的男孩向來就是被家人賦予考上醫學院以繼承父業的重責大任，這種幾乎是與生俱來的重擔很清楚地反映在他身上。他在班上成績名列前茅，但總是有點愁眉苦臉，又頗有少爺脾氣，而沒能完全和嬉鬧的同學打成一片。尤其是他的「先生娘」母親經常來到學校，與級任老師討論兒子的功課，也順便監督兒子上課的情況（圖2）。她是個典型望子成龍的台灣母親，從她的神情既可看出監督兒子用功讀書的嚴厲，又可感到愛子心切的溫柔。可以推想一定是她在主導安排這寶貝兒子從小就自岡山來到台南求學的。

那年夏天，我們這群要好的同學大半如願考上第一志願，岡山來的同學也成功度過生命的第一個挑戰。他母親熱切邀請我們到岡山去玩，並準備了很豐

1：一九六〇年代初的台南市永福國校

2：一九六〇年代準備聯考的永福小六生

盛的午餐來招待。中午用餐時，她讓我們在飯廳自己圍坐一桌，大人們都沒參加，由他們家兒子當主人。

這時大家面對滿桌佳餚，加上一早從台南出發後到這時已是飢腸轆轆，又沒大人在場，理應像平常在班上若沒老師在就會鬧成一團那樣，爭相大快朵頤而吃相難看。但是恰恰相反，那是個很尷尬的場面，平常互相嬉鬧的我們，這時竟然沒人敢多動筷子，似乎每個人都只敢吃他面前的那兩盤菜（這時還沒有餐桌轉盤那玩意），而且還不敢多吃，拘謹得像個小姑娘。

問題是那時大家的心情卻又不是如此，十二、三歲剛從小學畢業，歷經生命第一場聯考戰役，脫離兒童階段而開始有了青少年的心境，自覺即使沒大人在場也應該有個自主的行爲規範。然而當時除了感覺到不能像平常在家裡養尊處優、大吃大喝，也不能像在課堂上當老師不在時鬧成一團之外，就不知道應該怎麼辦了。而這位小主人也只是自顧自地吃著，並沒有幫同學夾菜勸食。他母親來看了我們用餐情況，驚訝地發現她所烹調的豐盛菜餚竟然大半沒動，至今我還記得她失望的神情。

岡山同學本就有點少爺脾氣，並不想當一個眞正的主人。而來作客的同學也沒有誰敢出面當下承擔起老大的角色，大家彼此都有著默契，誰也不能出頭，不准太「大範」（tua^{7}-pan^{7}）*。大範在閩南語裡約略等於大方、大氣與不退縮，但是在一九六〇年代台南的言語脈絡中卻沒有那麼正面，還帶點過分的意思，尤其是在我們同齡少年的言談之中，經常會用「有夠大範」或者「傷（sionn^{1}）大範」來揶揄對方，指其行爲踰越分寸，而這又是個較爲保守的分寸。

在那個年代的台南城裡，說人「大範」一直不是完全正面的鼓勵，反而謹慎客氣之意的「細膩」一詞成了讚譽。從小在家裡與學校的教養就是如此，在家裡可能是個小霸王，一出家門，想要的東西卻不敢明白講出大方去要，以致經常陷入閩南語裡一句成語「愛食假細膩」（ai^{3}-tsiah^{8} ke^{2}-se^{3}-li^{7}）的扭捏作態中。四十多年前的這次岡山之遊，想吃卻因不敢大範而沒能大快朵頤的遺憾，竟然至今猶可感覺。

註：本文中的閩南語注音系統以教育部在二〇〇六年十月公布的〈台灣閩南語羅馬字拼音方案〉爲依據，發音以作者母語的台南市口音爲參照。閩南語詞彙的漢字則主要參照董忠司主編的《台灣閩南語辭典》，五南圖書出版，二〇〇一年。

位於台南老城中心的永福國校（民國五十七年改名永福國小），學區涵蓋傳統老社區，大半是商家、小工坊、上班族，以及少數醫生與律師等專業家庭。在我讀過的班上會受到老師多一點關照的同學，都是家長熱切關心而成績較好的。這些同學也自然玩在一起，因爲除了成績不分上下外，家境也相差不遠（圖3）。這些家庭曾有過發展不錯後來成爲企業家的，而那時事業則還在起步中。可以說這些同學的家庭稱不上富貴，但算是台灣典型的市民階層。

這些家庭的父兄一輩，先是在日據時期他們的成長過程中，受到日本殖民現代化教育的「文明開化」與人格屈辱，接著當他們應在社會上當家作主的中壯年，又遭逢國民政府戒嚴體制的管制。在這種長期失勢的歷史環境下，這些社會中堅眞是大範不起來甚至必須自我壓抑的。這種缺乏或者抗拒大範氣質的氛圍，正是我們這些戰後出生子弟的成長環境。雖然台南有其特殊性，但應該也相當能反映出那時整個台灣子弟的普遍成長氛圍。

3：一九六三年的一班永福國校畢業生

棒球教練的難題

在我成長的年代，周遭難得一見大範人物，我們學校的棒球隊教練是少有的一位。在台東紅葉少棒隊尚未打敗日本球隊而讓全島振奮的一九六〇年代初，台南的棒球風氣已是鼎盛不衰。永福國校雖是以升學率見長，被認爲是一批頭腦發達、四肢無力的學生，但它的棒球隊卻在大家尊稱爲林先生的教練帶領下，打到了台南市的冠亞軍賽。最後幾場，大家興奮地期待著拿到冠軍，即使在初中聯考的壓力下，學校還是輪流安排了整個高年級的同學去棒球場當啦啦隊。但最後決賽時我們還是敗給了一所郊區小學的球隊。

那一年我們棒球隊的對手高頭大馬，可能超齡，有些還赤腳打球，體能比城裡小孩強多了。沒能拿到冠軍，球隊哭成一團，同學們也覺得很不公平，認定對手使用超齡球員。但教練林先生在大家回校後，帶領球隊上台，落落大方地接受打輸球的現實，勉勵大家再接再厲，並對全校師生鞠了一個躬，感謝大家對他訓練球隊的支持，而後光榮引退。林先生長得相貌堂堂，一臉正氣，當年他的形象令我覺得比校長與老師們高大許多。

我那時不僅在球場上見識到林先生訓練球員、指揮調度的教練風采，私下場合也經常領受到他的風範。他育有一女兩男，大兒子與我哥哥同班，小兒子則與我同屆。他們經常邀請我哥同班好友去他家一起讀書玩耍，而我也就經常跟著去湊熱鬧。林先生是代書，收入應該不錯，在老巷子裡蓋了一棟二樓洋房，我們經常從樓下玩到樓上，樓上再玩到樓下。他家一樓是事務所的辦公室以及西式客廳與餐廳等房間，但是上了二樓就全然改觀。二樓全部是日本式的，不只浴室是全然「風呂」設計，在一間全鋪著榻榻米的大房間裡還設有掛畫軸的「床の間」，這是我第一次看到這種擺設格局。

林先生不只是一位哈日族，他那時也已經積極在尋求移民日本的可能。幾年後他們就眞移民日本了，據說是以他自己過繼給一位日本老者當兒子，全家改名換姓爲代價。不過對林先生而言，這可能不是代價，而是他夢寐以求成爲日本人，而對台灣人/台南人身分自我棄絕的必要手段。如此一位大範的台南人竟也必得進行這麼激烈的身分改造，才得以自我成全。

在我的童年歲月，這種大範人物竟只能存在於一位對台灣人身分自我棄絕的崇日人士上，對我一直是個困惑。接受日本殖民現代化教育的整個我父執輩一代人，似乎就是缺乏這種大範氣質。而在往後成長的日子，台灣人的父兄風範也就一直是我追尋不到、捉摸不著的東西。

不能大聲說出的過去

我祖父母養育成的四男四女都生於日據時期。大伯畢業於當年的州立台南一中，那是日本人讀的學校，他憑著優秀成績進去。中學畢業後的一九三〇年代末，他在四舅公資助下赴東京讀中央大學法政科，最後卻落腳戰時的上海。光復後他從上海回到台南來，身邊多了一個穿著亮麗時髦的上海女子，懷中還抱著我堂姊。有此因緣，大伯是他同輩中少數能說好國語的。

上海那段時光是大伯最意氣風發的人生，一九四一年的一張照片顯出他風流倜儻的神態（圖4），這時他正在追求著出身書香之家的大姆。然而回台之後他卻隱身在一個公營產業機構裡，直到退休。他有一張上海時期的個人照片背面寫著「美好的回憶」（圖5），緬懷著他最愜意的那一段日子，卻也是後半生最不願提起的一段。照片的日期是一九四五年九月，他在拍了這張照片不久就

4：一九四一年大伯在上海意氣風發的美好人生

5：一九四五年回台灣前帶著憂鬱神情的大伯，他在相片背面寫著「美好的回憶」

回到台灣來了，照片上他略帶憂鬱的神情，似乎預示著回台後不確定的人生。

帶著上海風華來到台南的我的大姆（王惠如女士）原籍江蘇泰興，出身書香優渥之家，父親是小學校長，小弟王德滋後來成爲地質學家，做過南京大學副校長，並獲選中國科學院院士。大姆一九四三年在上海與我大伯結婚，隔年生了堂姊，戰後大伯先行回台，她也在一九四七年五月帶著小堂姊來到台南。帶著上海風華來到台南的大姆據說還在鄭家所居的小上帝廟街坊引來一場小騷動，住在附近忠義路上已是社會賢達的四舅公也親來迎接。

然而在一九四九年兩岸再次斷裂後，大姆在台南遂成了陷入舉目無親、尷尬孤立的處境，甚少參加家族聚會（圖6、7）。我在一九五〇年代幼年時參加的一次四舅公生日宴會上，曾聽到四舅公對著大伯大聲問說：「你的阿山仔某（外省老婆）怎麼沒帶來？」大伯則支吾以對。這是我第一次聽到「阿山仔」之稱，印象深刻，「阿山仔」、「外省人」、沉默寡言的大姆，這些印象在那時遂糾結在一起。而原來有著上海風華的大姆隨著歲月與環境的變遷，這時在我心目中卻只留下樸實無華的印象。

我祖母的么弟——四舅公，因爲在二十世紀初趕上剛成立的台北醫學校直

6：光復後從上海來到台南的大姆（右一），與祖母和三嬸的合影

7：一九五〇年代抱著么女的大姆

接招收公學校畢業生的短暫機會，當了台灣西醫的先行者，也屬於「文明開化」的一代，並成了台南的社會賢達。他這樣的社會位階後來就必得面臨皇民化運動的強大壓力了，然而光復之後據說他曾試圖恢復大陸籍貫廣東潮州。而他確實是在那裡出生，八歲時隨家人渡海來到台南的，如今只是重當起潮州人。

他的這個潮州人身分在日據時期還曾有礙於事業上的發展，他在醫學校畢業後來到官立的台南醫院工作，幾年之後一直不得升遷，才發現醫院當局把他視作「支那人」，因爲戶籍確實如此登記，反映出他的新移民身分。後來他就辭職出來，回到幼年成長的番薯崎街北邊新拓寬的白金町開了養生醫院，成爲服務鄉梓、樂善好施的名醫。在他有生之年對台南的潮州同鄉會也是熱心捐獻，我曾在一份一九七一年台南潮汕同鄉會購置會館的樂捐名單上看到他的名字，顯然這麼一個潮州人身分對他還是有相當意義。有著這麼一個身分歸屬的反覆，四舅公後來卻還是會以阿山仔來稱呼大姆，可見這問題的複雜性。

可以說在那時代成長的台灣男性，除了加入反抗運動外難以有個較具尊嚴的人格養成過程。我回想到父親上中學時曾與日本同學衝突，最後也是走入無言的狀態。我父親先是與大伯一樣考上台南一中，卻因與日本同學打架而被迫轉到台灣人就讀的台南二中來。族人提過他在一九三五年中學畢業並在台工作幾年後曾赴日本九州讀過大學，又有一說是到東京的明治大學，而這卻是父親生前絕口不提的。

父親在戰爭期間羈留日本，從留下來的老照片上可以看出，他最遲從一九三九年起就待在日本，直到一九四四年才回來台南結婚。對接受過菁英教育的台籍中學畢業生而言，即使在戰時，日本的就業機會也還是比台灣多。回到台南後，他先在貯蓄銀行的台南分行工作，而這也因爲年輕的日籍職員多已被徵調上了戰場，他才有這個機會，也因此往後一生都在金融界了。

解讀幾張無言的照片

然而父親在中學畢業後做過什麼？又因何去了日本？在那戰爭年代他又在那裡幹些什麼？關於這些事，父親生前對小孩是絕口不提的，甚至母親也所知有限。這些似乎是那一代人一生的祕密，難以與他們後輩分享溝通，有若難以啓齒的不堪回憶，甚或是見不得人的經歷，永遠埋在父親這輩人心靈深處。如今我只能從那幾張他羈留日本時期的老照片，像偵探小說似地試圖推敲出他的境遇。

我先是從照片上的背景看出那些景象應該是日本某地，而非在台灣。然後我又發現有幾張照片上還寫著「*2599*」、「*2602*」等像是年號，卻非西元紀年的阿拉伯數字。我去找出答案，發現原來是日本明治維新後新創的國族紀元，追溯到傳說中的西元前六百六十年的神武天皇。於是我算出了日本紀元二五九九年與二六〇二年即是西元一九三九年與一九四二年，戰爭正熾之時。在這些照片中，最早的是寫有「*2599*」的一張（圖8），我只能假設他在台灣應該不會使用這種年號，並以此推斷父親最遲在一九三九年來到日本。

在其中一張泛白模糊的小照片上（圖9）他還用鋼筆寫著「*2602.12.1*光學屋上ニテ」，即是「一九四二年十二月一日在光學屋上」的意思。父親坐在一矮台階上，左手夾著一根菸湊在嘴上，瀟灑地抽著菸的樣子。他身後的矮平台上有一根柱子，在與其他相似背景的相片比較之後，可以看出那是一座日本鳥居的柱子（日本鳥居類似中國牌坊）。在其他較清楚呈現這座鳥居的相片上，一些看似他的同事也個別或一起坐在鳥居前拍了照。

然後在一張大照片上就很清楚地呈現了整個場景了（圖10），顯然是父親辦公室全部同事的合照，三個年長資深的坐在前排，七個員工站在後面，父親站在最左邊，個子最高。而背景正是這個鳥居，還可看到鳥居後邊有一個小神龕，左右各一個石燈座，被小柏樹叢包圍。鳥居旁邊則有個石塊，刻著「納奉」兩字，後面則是一排房舍。

我心中納悶怎會有這麼小的日本鳥居，而且似乎就在馬路邊上的一個侷促位置。然而從鳥居所在的一尺見方的地磚鋪面以及其他照片的背景來看，這又應該是在一棟大樓的平台屋頂上。大概就因爲在屋頂上，所以只能是一座侷促的小鳥居與小神龕。這個屋頂平台讓我想起台南家巷口的那排日據時代蓋的沿著末廣町大街的整排現代三層樓房，頂樓就像這張照片呈現的，臨街那邊是房舍，後面則是露台。每家露台間隔著矮牆，小時候就經常在上面一家接著一家玩過去。

在這張照片上可以看到有四、五個人胸前別著一個有著編號的圓形胸章，包括父親以及坐在前排的左右兩個，三個女的則都沒別這識別胸章。而坐在正

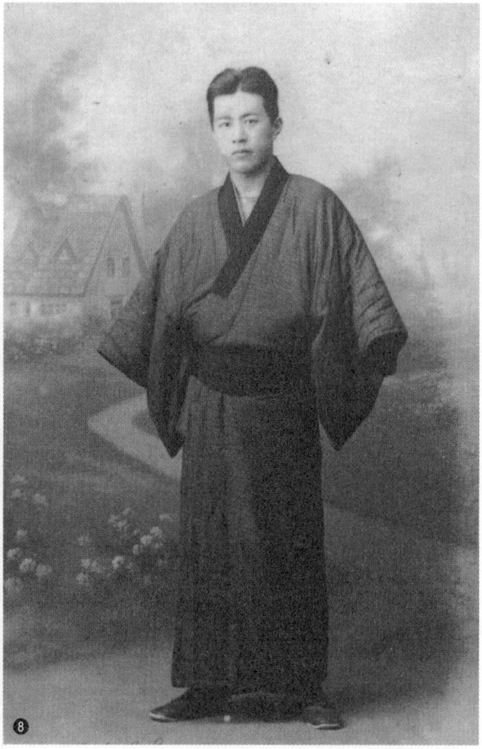

8：註明2599年（一九三九）的父親和服沙龍照
9：註明2602年（一九四二）的父親在光學屋上照片

10：父親（後排左一）在屋頂鳥居前與光學屋同事合照，中坐者身穿軍官制服

11：一九四二年二月父親在東京日本橋附近

中間年紀最大的一位則是一身制服，一排鈕扣扣到了脖子，左右領子上各有一片繡章，還戴著白手套與制式的圓盤帽，上面別著一顆星，看來是個高階軍官。這個軍官可能是這個小單位的上級主管，來視察時與單位所屬拍了合照？那這是什麼單位呢？這個大單位，可能包括這整棟大樓（另一張照片上所稱的「光學屋」），或許是個軍方單位？父親可能在一九四二年前後在日本某地的一處軍方單位工作？

十多年前父親過世時，他的一位老同學來弔唁時曾向我們提起，父親曾經在日本海軍單位工作過，或許就是這些照片所呈現的？我問過母親，她只知道父親在回台結婚前，在東京某處的一個製造望遠鏡的地方工作，其他的事父親就不曾向母親多說了。這個望遠鏡工廠可能就是父親照片上的光學屋？

另外還有一張照片（圖11）只在背面用鉛筆寫著像是「17.2日東橋」的字，父親穿著整齊，外披深色大衣，還戴著口罩，像是在冬日早晨的上班途中。那兩個數字我只能推測是昭和十七年二月，也就是一九四二年二月時拍的照片。寫有類似「日東橋」的還不只這張，日期也不一樣，顯然是個重要地點，而不是到此一遊而已。

我上網搜尋日東橋，在大東京範圍的就只有橫濱有這麼一個地名。或許這個光學屋應該就在橫濱的日東橋區附近，那裡也靠近橫須賀海軍基地。我原是如此猜想的，但是住在日本橫濱的富山隆先生則幫忙指出這張照片的地點不是橫濱日東橋，因爲那時還是一片無人居住的山丘地，而是東京的「日本橋」。（他除了指出這個誤讀外，還幫筆者找出父親的工作地點，亦即光學屋之所在。詳見下一章〈揭開父親在東京之謎〉。）

另外幾張照片的場景顯然是父親居住的房舍，那是一棟瓦頂的二樓獨棟房子（圖12），屋外有個大院子，附近還有農田，整個像是個鄉間別墅。另有一張照片呈現室內景象（圖13），靠牆的榻榻米上有張矮桌，桌前有塊坐墊。桌上白牆則貼著三張電影女星的照片，兩張顯然是那年代的歐美女星，另一張則是日本古典美人。三張照片從右到左節節升高，整齊的貼在白牆上。下面的桌子上也是整齊地擺著各種家用品，一個鬧鐘、兩個花瓶、一組茶具、幾個藥罐子以及一小瓶洋酒。一只手錶則掛在右邊木柱上，上面還有一個溫度計。左邊牆上掛著一副日曆，只看到大大的「23」兩字，下面一排書冊則由高而低依序排列。這麼一個乾淨整齊的布置非父親房間莫屬了，他一直是很整潔的。父親應

12：父親在東京的宿舍？

13：父親的房間？

該只是住在這棟房舍的這房間而已，而這棟房舍可能就是光學屋的員工宿舍，或者是他的賃屋居處？

從這些照片看，父親神情輕鬆，看不出有太抑鬱之處。有一張照片，他站在那鳥居前似在眺望著遠方（圖14），不知是否在想著他的台南老家？又有一張喝酒場所的照片（圖15），沒註明日期，但應該就在那時期前後。照片上那些人看來是父親同事，大家縱酒狂歡，不善飲的父親則顯得有點辛苦。

拍攝光學屋上鳥居前這些照片的一九四二年底，太平洋戰事正熾。一年之前，就是盧溝橋事變的四年之後，日本皇軍又越洋去襲擊美國的珍珠港，引爆太平洋戰事，很多日本青年陸續被徵調上了戰場。這張照片上醉酒的日本青年是否都已心裡明白即將被徵調上戰場？或許也是在這個人員逐漸缺乏的條件下，父親才得以有機會在那裡做事？也或許因此父親得免於像三叔那樣在台灣被徵調去當軍伕？

三叔家留有幾張台灣人當軍伕的照片，有一張看來是一隊醫護性質的台籍軍伕合照（圖16）。三叔提過他當時是半志願半強迫地加入日本兵，然後一路被送到中南半島的戰場。日本戰敗後，家人許久不見他回來，以為已經戰死，然

14：父親在光學屋鳥居旁

15：一九四〇年代初，父親與同事在日本的喝酒場所

16：一九四○年代一張台灣軍伕的照片

而卻倖存回家。他又提到，戰爭結束時眞正的日本兵被安排搭船回日本去，而他們這些台灣兵則沒人管只能自尋生路。他與一群台籍同袍一路輾轉來到海南島，驚奇地發現那裡的話可通，因爲住有不少閩南移民，還因此得到照顧，最後得以從那裡回到台灣來。

父親從來不提他在日本工作的往事，後來又爲何決定在戰爭結束前就回到台灣？是因日本打到最後已經沒能撐下去，以致他也丟了工作嗎？父親在一九四四年春天回到台灣，母親說他是爲了相親才回來的。在這之前跟著母親當學徒學洋裁的三姑爲她在日本的二哥牽線，兩人以書信交換了照片，據說父親就決定回台灣相親了。按當時的標準父母兩人的年紀都滿大了，父親卅一歲、母親廿七歲，遠超過適婚年齡。那時已進入戰爭末期，日本帝國敗相已露，父親搭船安然回到台灣，據母親說下一班船就被美軍擊沉了。

在這種亂世餘生的氣氛下，父母兩人互相看得對眼，交往不久就很快訂婚了。他們是一九四四年九月在台南結婚的，在這之前在貯蓄銀行台南分行工作的我大姑媽已經引介父親進入該行。我大姑媽小父親六歲，書也讀得好，公學校畢業後進到台南第二高女，畢業時名列前茅。這麼一個出身，在戰時也就有

INK PUBLISHING

讀者服務卡

您買的書是：______________________________

生日：　　年　　月　　日

學歷：□國中　□高中　□大專　□研究所（含以上）

職業：□學生　□軍警公教　□服務業

□工　□商　□大眾傳播

□SOHO族　□學生　□其他 __________

購書方式：□門市_____書店　□網路書店　□親友贈送　□其他_____

購書原因：□題材吸引　□價格實在　□力挺作者　□設計新穎

□就愛印刻　□其他 __________（可複選）

購買日期：_____年_____月_____日

你從哪裡得知本書：□書店　□報紙　□雜誌　□網路　□親友介紹

□DM傳單　□廣播　□電視　□其他

你對本書的評價：（請填代號　1.非常滿意　2.滿意　3.普通　4.不滿意）

書名_____ 內容_____封面設計_____版面設計_____

讀完本書後您覺得：

1.□非常喜歡　2.□喜歡　3.□普通　4.□不喜歡　5.□非常不喜歡

您對於本書建議：

感謝您的惠顧，為了提供更好的服務，請填妥各欄資料，將讀者服務卡直接寄或傳真本社，歡迎加入「印刻文學臉書粉絲專頁」：http://www.facebook.com/YinKeWenXue 和舒讀網（http://www.sudu.cc），我們將隨時提供最新的出版活動等相關訊息與購書優惠。

讀者服務專線：（02）2228-1626　讀者傳真專線：（02）2228-1598

廣 告 回 信
板橋郵局登記證
板橋廣字第83號
免 貼 郵 票

舒讀網「碼」上看

235-62

新北市中和區中正路800號13樓之3

印刻文學生活雜誌出版有限公司 收

讀者服務部

姓名：＿＿＿＿＿＿＿＿ 性別：□男 □女

郵遞區號：＿＿＿＿＿＿＿＿

地址：＿＿＿＿＿＿＿＿

電話：（日）＿＿＿＿＿＿＿＿（夜）＿＿＿＿＿＿＿＿

傳真：＿＿＿＿＿＿＿＿

e-mail：＿＿＿＿＿＿＿＿

INK

機會進到日本人的銀行工作。而父親也因此就在回到台南後有了正式的職業。

文明開化的代價

我父母這輩人雖然因爲日本統治而得到現代化教育的機會，但這個好處是被賜予的，因此也要付出代價。日本殖民政府在台灣辦的中學分成兩種，首先開辦的是給日本子弟就讀的，原來只叫某某中學校或高女。在後來開辦給台灣人就讀的第二類中學校時，就將原先日本子弟讀的冠以一中或一高女、二高女之名，譬如州立台北一中（現在的建國中學）、州立台南一中（現在的台南二中）、州立台北第一高女（現在的北一女）、州立台南第一高女（現在的台南女中）等，排名在先。

後來開辦給台灣人就讀的則冠以二中或二高女、三高女之名，譬如州立台北二中（現在的成功中學）、州立台北第三高女（現在的中山女中，而原來日本人就讀的台北第二高女，光復後廢校）、州立台南二中（現在的台南一中），排名在後。

唯一的例外是台中一中，它原是林獻堂等中部熱心人士專爲台灣子弟創辦的「台中中學校」，卻隨即被強制徵收爲官辦。後來當殖民政府要在台中地區設立另一所專供日本人就讀的中學時，台中中學校的日本人校長以先辦爲由堅持使用一中之名，而未被改成二中，台中二中反而成了日本子弟就讀的。這些一中、二中的日台學生之分並非絕對，日本人讀的中學校或高女也招收少數成績好並有關係的台灣子弟，而台灣人讀的中學校或高女當然也會有些日本學生。

成績好而能夠進到日本人讀的一中的台灣人，就表示是個傑出的台灣子弟，是可以光耀門楣的。然而這種以族群爲區隔界線的教育體制，對能夠進入日本人學校的台灣子弟而言，即使可以因此驕傲於鄉里，卻也是個屈辱。大伯一中畢業後，曾被家族寄予厚望。父親也曾以優秀成績進入一中，卻因與日本同學衝突而被迫轉到二中（圖17）。四叔先是就讀一中，也經過挨日本同學揍的儀式，卻在光復後一中停課的情況下與其他台籍同學一起轉到二中時，又被台灣同學當成「三腳仔」揍一次。

可以說，那時的台灣子弟與日本學生比較起來是受到不平等對待的，因而整個人格成長期都有著屈辱感。另一方面由於他們所接受的現代化教育，在面對還帶著「清國奴」落後形象的長輩所安身立命的傳統時，卻又必須加以鄙視與否定，因而也陷入失根處境。

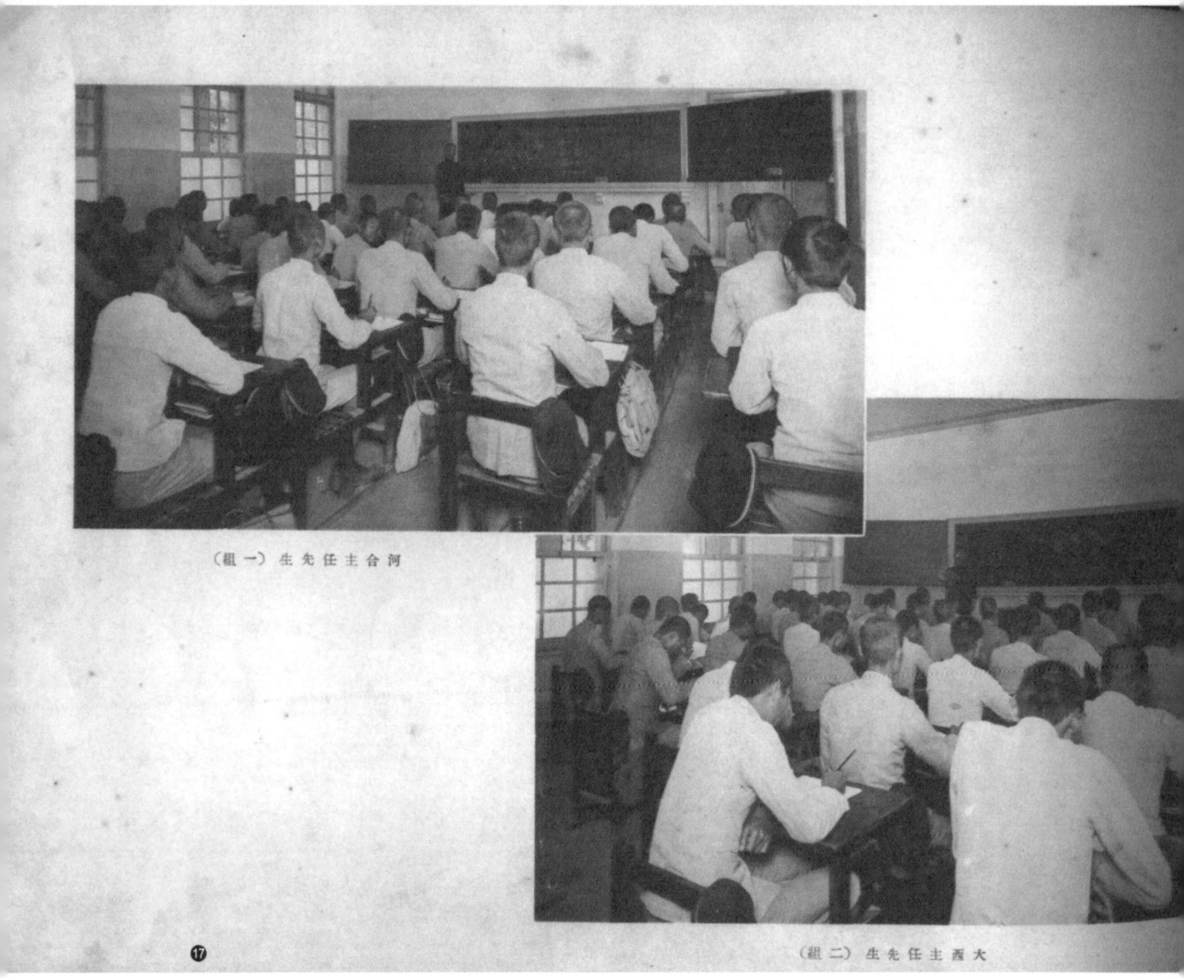

17：一九三〇年代台南州立二中的上課情景

此外日本殖民政府開辦現代化教育，一個重要因素還是在於將台民菁英從小起改造成帝國臣民。因此教育事業必須掌握在殖民政府手中，譬如林獻堂的台中中學就被強制徵收了。只有基督教長老教會的中學校例外地被容許開辦，譬如台南的長榮中學，但其教學也在殖民政府的嚴格監控之中，尤其在戰爭期間的皇民化運動高潮中也未能倖免，都派駐著日本教官。

這些日本帝國培養出來的台灣第一批現代化菁英，畢業之後並沒能被其在台灣開辦的現代企業如台糖等所吸收，因爲這些企業基本上不是爲了提供台灣子弟就業機會而設置的，而只是日本帝國殖民產業的一環。由此培養出來的台灣子弟，除了醫學校畢業生可以自行開業，而國語學校（師範學校）畢業生可分發到公學校當教員外，其他學校的畢業生並無太多出路。

既然日本爲其帝國目的而設立的現代化企業吸收不了台灣子弟，而台灣人自己既有的工商業又已衰退蕭條，這些台灣第一批現代化教育畢業生遂處於不上不下的尷尬處境。由於在台灣沒有太多出路，除了少數進了醫學校、國語學校與其他專業學校，或到日本上大學外，他們大部分人的出路是頗艱難的，因而不少人離鄉背井。父親和大伯就這樣在戰爭期間去了日本，大伯最後還落腳上海。還有不少台灣青年投奔重慶的國民政府，譬如翁倩玉的祖父翁俊明；或去了滿洲國所在的大陸東北，譬如黃光國的父親。又有不少台灣青年半志願地加入了日本兵的行列。

這些曲折讓這整個世代的台灣社會菁英子弟在成長過程中，難以有個健全的人格發展。他們是台灣人第一批受到現代化教育的一代人，「啓蒙」（Enlightenment）一詞在日文裡翻譯成「開化」，父親這一代人就是台灣第一代的「文明開化」之士，這對他們而言有個特殊的生命意義，傳遞給他們「文明開化」的日本帝國，就有如傳遞基督教義（另一支「文明開化」）給台灣第一批教徒的長老教會那樣，充滿著神聖光環。

然而這種神聖性卻又很自然地迫使他們轉化爲精神的臣服，即使後來的叛逆也都在這個「文明開化」的範圍之內，不論左右派別。內在的自主性在這一代即將成爲台灣社會中堅之士的心中被剝奪殆盡，欠缺這個自主性，只剩下精神的臣服，傳統父權也就失去了內在的堅實基礎，空有其表了。

再次鎩羽的父權

可以說，我父兄輩的台灣男性內在最大的屈辱之源，其實來自日本的殖民統治與現代化改造。但日本戰敗退出台灣之後，這股屈辱感並沒能得到紓解，日本帝國並沒有被台灣人打敗，甚至也不是眞正被中國祖國打敗，而是被另一個武力更強大、文明「更高」的現代帝國美國所打敗。

光復後的政治情況也沒能讓這股世代屈辱得到紓解，反而又因二二八事變、國共內戰與兩岸分斷帶來的戒嚴體制而讓他們繼續失語失勢，尤其在一九四九年國民政府退守台灣，要台灣人承擔起「反共復國大業」的重任之後。國民政府雖非異族統治，但以其戒嚴體制的作爲也並沒能讓我父親這代人拾回失去的傳統父權。父權的繼續失勢與失語在此互爲因果。

一九六三年底發生過喧騰一時的周鴻慶事件（圖18）。周鴻慶是中國大陸到日本的一個訪問團團員，據說他企圖投奔中華民國使館不成，反而被日本政府交給中共，而引發台灣的強烈抗議。這事件成了當時台灣報紙的頭條，喧騰一時，一致指責日本政府背信棄義。當時我剛上初中，年少氣盛，初受國族意識

中日邦交絕續關頭

處理周鴻慶案公然袒匪
池田政府背友媚敵
我將採取斷然措施

不惜壯士斷腕以糾正日本錯誤

中日關係臨最嚴重階段

池田的尊容

通向自由之門 不容輕易閉塞

日本不斷資匪行為 損害西太平洋安全

池田內閣經濟資匪

耗資三千萬動員七機關 共匪特務大肆活動 日本政府蓄意袒護

周鴻慶被洗腦幕後

日本媚匪資敵 九大不友好事件

18：一九六四年一月二日《徵信新聞報》有關周鴻慶事件的專題報導

啓蒙，在餐桌上也跟著抨擊日本政府。父親忍不住說日本政府有其爲難之處，卻在我「理直氣壯」的言詞挑戰下，接著無話可說了。這是父親第一次面對一個學會用國語來論述辯駁的兒子的反應，此後隨著兒子論辯能力的發展，他更是無言以對了。

父親的無言有著多重因素，除了當時反日與反共意識位居主流，以致讓我能夠理直氣壯外，父親沒能像我一樣運用一套論述辯駁的語言，更是一大原因。他們那一輩人在接受日本殖民現代化教育時，就被斷絕了母語論述功能的傳承，被迫學習日語來取代，因此絕大部分人並不能以傳統閩南語來論辯，譬如李登輝的思考論述語言基本上是日語，而講不好閩南語。然而光復之後，他們年輕時學到的日語論述能力在政治上又幾乎完全失效，而且年紀已大，來不及重新學好新的一套。但是他們的兒子卻反而能運用新學到的國語這套論述語言，在他們面前振振有詞了。

這是一九六四年「周鴻慶事件」發生時，我們父子之間語言能力的對比處境。這樣的處境遂讓我聯想到再早幾十年我父親年輕時，他應該也曾操著才學會的流利日語振振有詞，而讓我那只會閩南漢語的祖父那輩人啞口無言吧！

父親在光復後也曾努力學過國語，雖然那時學習條件不佳，尤其是在台南老城裡。那時他原先工作的貯蓄銀行已併入台灣銀行，他成了台銀的員工，並主動報名參加了台灣省訓練團的短期訓練，那應該是個全用國語的場合。有一張老照片是他在省訓團時與同期學員的合照（圖19），我後來仔細端詳發現這張照片還附上日期，而那竟是個令人心悸的時日。

照片左側有兩行白色小字，寫著「台南銀行團第二期同學，三六、二、一、寫」，那正是二二八事變前不久。照片裡父親與台南的銀行同事站在台灣省訓練團的大門前拍照留念，大家都穿著制服，戴著帽子，模樣既像軍人又像學生。事變前夕似乎應該人心惶惶，不過照片上他們卻顯得悠閒自在。台灣省訓練團當時就設在台北，用來培訓本省地方行政幹部，而父親雖參加了訓練，卻一生都在銀行界工作，不曾擔任過任何地方行政幹部，甚至後來也離開台銀。

然而父親即使曾如此努力學過國語，大概也只能勉強用於工作場所的日常言談，在家裡是不曾說過一句的，我只能想像他在台銀工作期間與外省同事的交談。國語對他而言畢竟還是中年之後才開始學習的，難以運用自如，甭提要

19：一九四七年二月父親參加位於台北的台灣省訓練團

用來思辨與論述了。

做爲一個社會的權力承擔者，雖然可以不多言，但講述家國社會人生大道理的能力卻是必要的。而這些大道理的傳述解說，又是與語言的論述功能綁在一起。因此一個父權社會的父親角色，若失去了語言論述的能力，也就失去了父親的大半權威。我的父執輩在這點上遂吃了大虧，以致在「周鴻慶事件」上，我得以在餐桌上占了上風，而讓他們幾乎完全失語。

父親的後半生，在家裡面對兒子用新的語言高談闊論時，是如此無言，他們這輩人在公開面對公共事務時也就一樣沉默了，社會周遭的種種問題他們遂發不了言，作不了主。他們青壯年後的失語竟然如同他們的上一代即我祖父那輩人，其中飽含語言能力差異得失的多層意義，竟然就在這三代之間架構出這麼一個尷尬的處境。

當整整幾代社會菁英所習於使用的上層語言——即我祖父輩的傳統典雅閩南語和我父親輩的日語，失去了社會地位後，他們也連帶失去了自信與自我，以及傳統的父權性格。於是從日據時期開始到一九六〇年代，三個世代下來，台灣家庭遂較缺乏威權男性的實質，即使不少男人想擺出當家作主的威權狀，但大半只能虛有其表，而難以讓家人心悅誠服。如今遭到各種批評的那種傳統父權典型，其實難以在台籍政治人物裡找到完整的例子。他們在社會上無能運用威權，連帶的在家裡也就不能威權到哪裡去了！

在這種失勢與失語的壓抑狀態下，很多台灣男性的發洩管道就只能表現在每次選舉時投黨外候選人一票，不管那位黨外人士的人格與知識水平如何（圖20、21），這種投票行爲在我周遭的長輩男性中所在多有。此外，在戰後的冷戰體制下，屈辱的原施加者日本如今卻反而以反共盟友身分，以及經濟大國之姿，重新君臨台灣。對這世代的台灣男人而言，原來的怨恨與悲情更是不得紓解，而在這種繼續失語與失勢的情況下就只能另尋出路了。新興的本土政治勢力遂得以在這種扭曲的世局與心態下，將這世代的悲情與怨恨轉化爲對國民政府，甚至進而對外省人與中國的悲情與怨恨。

我父親這一輩人植基於日本殖民統治而來的屈辱感，曾經在一九六〇、七〇年代有個發洩的機會，那是台灣少棒的突然崛起。日本的統治爲台灣帶來了棒球，成了父親那世代人最熟悉的球類運動，也是在一九六〇年代的聯考壓力下，台南的國民學校還願意費心費力組織球隊，讓學生玩球的唯一運動項目。

競選活動今晚十一時停止
全省明日投票選舉縣市長
黃主席飭切實取締公職人員助選
民廳准將開票報告表多繕一份貼開票所

郭國基助選一聽衆亂喊
台上開炮台下叫
臂部被人刺兩刀
松山政見會裝火土受傷
旁人拖他走車號已查出

聽講高聲反駁
混亂之中出事
自己立場不願說明
指肇事者是李的人

高玉樹談競選
自稱兩個目的
促國民黨反省進步
為市民們解決問題

四位候選人
今進行拜訪
自辦政見會十二場

須有容忍精神
絕對不能動武

台胞得享自由
總統功昭日月

縣市長選舉

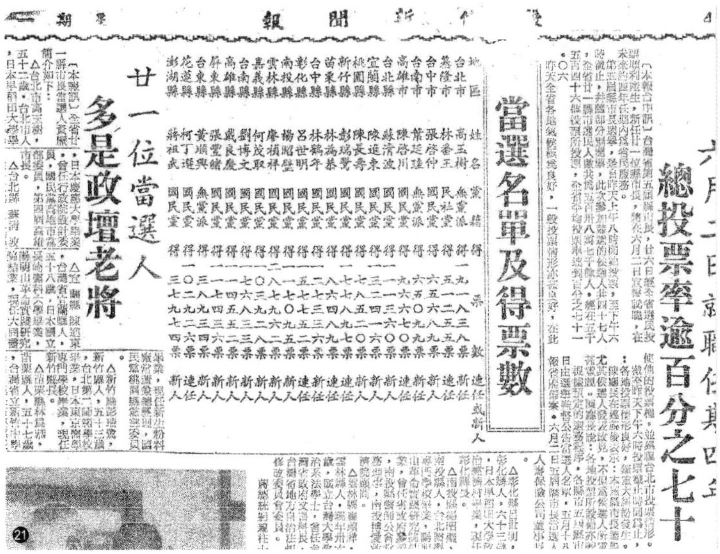

總投票率逾百分之七十

當選名單及得票數

地區	姓名	黨籍	得票數	連任或新人
台北市	高玉樹	無黨派	一九一八三八票	連任
基隆市	林番王	民社黨	五一二五五票	新人
台中市	張啓仲	國民黨	六五六八九票	連任
台南市	葉廷珪	無黨派	六五〇九九票	新人
高雄市	陳啓川	國民黨	九六六七〇票	新人
台北縣	蘇清波	國民黨	一一一三六〇票	連任
宜蘭縣	陳進東	國民黨	一三二四一六票	新人
桃園縣	陳長壽	國民黨	七八五二〇票	新人
新竹縣	彭瑞鷺	國民黨	一七七八九七票	連任
苗栗縣	林為恭	國民黨	八六四八九票	連任
台中縣	林鶴年	國民黨	一二七三三六票	新人
彰化縣	呂世明	國民黨	一五七七五二票	連任
南投縣	楊昭璧	國民黨	一一七〇九五票	新人
雲林縣	廖禎祥	國民黨	二八七九六二票	新人
嘉義縣	何茂取	國民黨	一〇三九二八票	新人
台南縣	劉博文	國民黨	一七六八三三票	新人
高雄縣	戴良慶	國民黨	一一四五五二票	新人
屏東縣	張瑩緒	國民黨	一一七四三六票	新人
台東縣	黃順興	無黨派	三八九三四票	新人
花蓮縣	柯丁選	國民黨	一〇二九二六票	連任
澎湖縣	蔣祖武	國民黨	三七九七四票	新人

廿一位當選人
多是政壇老將

20、21：一九六四年四月，黨外候選人在縣市長選舉中破紀錄地贏得四個席位

我們那時就是在這風氣下，聯考前夕還全年級動員來到棒球場，爲林先生當教練的永福少棒隊加油。

沒過幾年，台東的紅葉少棒在一九六八年就以擊敗日本和歌山縣來訪的一個少棒隊而闖出名號。從那開始台灣的少棒就如滾雪球般突飛猛進，隔年不只擊敗日本球隊贏得太平洋區冠軍，還遠赴美國擊敗了全美國的少棒隊，取得他們的少棒聯盟總冠軍。那幾年配合著新興的電視轉播，每當有賽事，尤其是遠赴日本與美國時，便是台灣家家戶戶難以安眠的日子。

這樣的勝利對我父親那輩人意義更爲重大，他們的後生小子居然能擊敗日本球隊，而讓他們吐了口積壓了多少年的怨氣。在父親的遺物裡，與那些中學老照片放在一起的，竟還有幾張台南巨人少棒隊在一九七一年拿到世界少棒冠軍載譽歸國的明信片（圖22）。我可想像，在那父權鎩羽的壓抑日子裡，擊敗日本對他們而言是有著非比尋常的療效意義的，只是這卻要靠著他們的後生小子，而且只能在非成人領域的非常條件下。

於是在父權上鎩羽了的這幾個世代的台灣男性，雖還在維持著傳統父權體制的體面，但卻得不到家人的心悅誠服，他們的自信與內在其實已被擊垮，內

22：父親收藏的幾張紀念台南巨人少棒隊在一九七一年載譽歸國的明信片

心卻充滿著不得紓解的屈辱以及衍生出的悲情與怨恨，並將這些情結代代相傳，直到現在所謂的「五年級」（民國五〇年代出生的）「學運世代」都未能倖免。

堅韌的傳統女性

相對於我父親這個受挫失語的男性一代，母親那一代的女性則顯出較爲堅韌的特質。台灣人的家庭在我祖父與父親連續兩代男性的失勢受挫狀態下，似乎就靠著操持家務的女性力撐起來。這些堅韌的台灣女性雖然還是活在那些不太威權得起來的台灣男人陰影之下，但卻經常必須使出渾身解數，解決家庭的諸種難題，在我成長過程的周遭充滿了這樣的女性。

父親幾個兄弟都能讀到中學，甚至大學，在學期間還能參加學校的旅遊遠赴日本。這些都是家裡不小的負擔，尤其在那經濟不景氣的年代。看來似乎祖父母他們甚有資財，實則並非如此。祖父在那時代遞嬗之際只接受幾年的傳統私塾教育，並沒機會被日本殖民政府的新式教育「文明開化」，沒學到任何現代技術，算是身無一技之長，也就沒能有所發展。

其實曾祖父在同治十年（一八七一年）從潮州來到台南時，曾在大街上與友人合夥開了一家布莊，這家布莊在他於一九〇六年去世後爲正室的大兒子主持，雖曾風光一時，最後在一九二〇年代因種種原因難以經營而收掉。繼室所生的祖父並無自己的產業，家族中人對他曾做過什麼也多不太提起。後來陸續聽來的是，他除了幫著照顧過兄長的布店，又到另一家布莊當過店員外，還做過地理師（據說曾祖父熟悉此道），最後是在街角一家小店裡擺攤子幫人寫毛筆字，寫婚喪喜慶的各種賀聯輓幛。他對自己的書法頗爲自得，當送葬隊伍經過大街時，還會特意去觀看其中輓聯，評論一番。然而卻沒有遺留下任何墨寶。

在我有記憶的童年，祖父已經退休，享受著事業有成的兒子們的奉養。除夕夜他就會巡迴到每個兒子家吃年夜飯，喝點小酒，然後搖搖晃晃走到下一個兒子家去續攤。隔兩天大年初二，他會來帶著我走到台南桶盤淺公墓區去「探墓厝」，我只記得拉著他的手走著很長的一段路，來到曾祖父母的墓地。後來他就臥病在床直到過世。他的一生在鼓勵進取而競爭激烈的現代社會算是庸碌，子女的教育經費顯然非他所能供給，族人都說就靠祖母操持這一切了（圖23、24）。

23：一九四〇年代祖母中年的身影

24：一九五八年祖母與女兒、媳婦、孫輩們在木柵指南宮合影

相較於祖父的無言與隱身，祖母幾乎是家族的中心，話多，要求也多。外曾祖父楊瑞玉是潮州普寧人，也是在一八七〇年代年輕時來到台南經商，娶了在地女子林英，生兒育女。一八九五年乙未之變時他帶著家人避難汕頭，包括襁褓中的祖母，因而祖母是在汕頭長大的。在十三年後的一九〇八年祖母的少女時代，外曾祖母林氏卻獨自帶著三男三女從汕頭港搭船回到台南，其中緣由我們後輩至今無從得知。此後汕頭遂成為祖母一生中經常提起懷念之地。

外曾祖母林氏的台南娘家屬勞動階層，沒能倚靠，楊氏一家人在二十世紀初回到台南後即陷入困境。族中長輩曾回憶說她們「家貧落魄，母女日夜以縫蚊帳，賺零星錢度日」。然而她是個堅強女性，竟獨自撫養三男三女成年，除了栽培么兒四舅公學醫有成外，還將三個女兒都找到適當婚配。祖母在一九一三年嫁到當時在大街上還有個布莊門面的鄭家，生活也就一時好過起來，當然也反過來照顧娘家了。那時讀公學校的四舅公在清苦的條件下還曾沿街叫賣油炸粿來補貼學費，也會到姊夫家來私下接受二姊在錢財與食物上的接濟。

後來四舅公在公學校實業科畢業後考入醫學校，躋身台灣第一代西醫，成了楊家的大支柱，並澤及陷入拮据的鄭家。四舅公雖接受了西式教育，在家族倫理上卻十分傳統，事母至孝，從一九二七年開始經營醫院之所得大半交給母親林氏。這時鄭家的家族布店生意已經失敗，而在不善營生的祖父又有眾多子女需要栽培的狀況下，就輪到祖母回到楊家去求助了，尤其那裡又有個掌握財務大權的她母親林氏。

祖母在祖父無固定事業的拮据情況下，發揮了東拼西湊、標會放利的理財能力，竟然能讓四個兒子和大女兒在日據時代都受到中學教育，自然也就成了鄭家的重心所在。我的外曾祖母林氏據族人說是個開通的母親，她自己纏足，卻沒讓三個女兒也纏足。祖母雖一身全是傳統裝扮，只有那雙大腳不具那時代風采，也成了她後來屢屢提起的遺憾，總覺得大腳讓她不像大家閨秀。祖母的持家也繼承她母親之風，若情況許可，必會讓另外三個女兒都得到更高教育的。

在那社會變動的歲月，祖父是那般隱身，以致在留下來的老照片中竟只能找到二張他年輕時的（圖25、26），再來就只有一張他晚年的病容了。相對的，祖母是如此成為家族的重心，在家族老照片中到處呈現她的身影（圖27）。在那

25、26：祖父留下來唯有的兩張年輕時期的照片，左圖拍攝於一九一〇年代，右圖拍攝於一九二〇年代。

27：祖母與家族晚輩的諸多合照

傳統父權被日本帝國帶來的現代化所撞擊而飄搖委靡的狀況下，傳統女性反倒成了維繫家族的支柱所在，我祖母與外曾祖母即是先例。光復之後，這種情況繼續發生在被剝奪社會上傳統父權位置的我父親這一代台灣男性身上，即使他們是接受現代化教育的第一代台灣人，也還是無言而隱身。堅韌女性與失勢男性的對比依然是這一代人的普遍現象。

跑單幫的現代婦女

有位父母那輩的家族女性，在那尚未開放國人出國旅遊的一九六〇、七〇年代，經常去貿易公司借名，很辛苦地一個人跑單幫，到日本的百貨公司去挑選過季出清的存貨，大包小包提回台灣來賣。那段期間她的幾個還在上學的兒女，就靠她跑單幫得以維持。她丈夫是個離家出走，卻又會回來威脅需索的男人。在我成長期間，這種拋棄責任的男人並非特例，家庭的重擔就得由女性擔起。

家族中另一位長輩女性也曾經被丈夫壓得很慘，她男人是一位極其自私吝嗇的專業人士，對家人幾乎視同陌路，家庭生活費與子女學費摳得很緊，然而這位長輩女性也居然能茹苦含辛地將幾個子女帶大，而且都上了大學。還有一位長輩女性雖然有較高學歷，卻是勞碌一生，後來幾乎是由她在工作養家。

在我年少歲月周遭熟識的跑單幫女性還有一位阿箬姊。她不識幾個字，有個不良於行以刻印爲生的丈夫及幾個幼年小孩，然而到日本與香港跑單幫卻一點也不輸人，帶回來的東西在街頭巷尾兜售，儼然是家中生計的台柱。她自己家裡狹窄，住的那一方院子人多口雜，也不安全，母親遂騰出家裡一個可以上鎖的櫥櫃，讓她寄放買回來的存貨。

阿箬姊有個遊手好閒、沉迷賭博的小叔，也住在同一院落，家中的經常支出必須依賴在巷子裡開小理髮店的妻子。我中學幾年都在那裡理髮，有時坐在理髮椅上就會從鏡中瞥見她那無所事事的老公叼根菸，悠哉悠哉地出門。有些男人年輕時混太保流氓，及長也只能遊手好閒，雖然家裡給他娶了老婆，最後還是遊蕩在外，而將整個家庭重擔由家中女性承擔起來。這種遊手好閒或者缺乏責任感的男性，表面上盛氣凌人，內在則十分脆弱，在家族裡或鄰里間經常得見。

另外還有不少男人雖然也負起了傳統養家之責，在家裡卻是作威作福。聽母親談起，在日據時期她們年輕女性朋友之間（圖28）就把這種男人叫做「帝國主義者」。這個有意思的標籤除了表示對傳統父權的異議外，也反映出當時台灣男人受到日本帝國那套極爲強調「男性氣概」教育的深刻影響（圖29）。但是日本式的「男性氣概」是個整體包裝，不只是意涵著回家後對家人的威權，更重要的是這些男性是眞正扮演了社會主導者與政治統治者的角色，而台灣男人在日據時期以來卻長期在社會與政治上失勢無言，內在充滿著挫折感。

就是說台灣男性從日本教育學到的大男人作風只能侷限在家裡，一出家門就施展不開，只能乖乖當順民，要不就成爲魚肉鄉里的刁民。要能保存完整人格的大概就只能加入反抗運動，但這畢竟是極少數。男性在家門外的挫折並不能讓他們回到家裡後抬起頭來，展現較正面的父權風範，反而在家人身上尋求補償，頤指氣使，其中有些甚至嚴重到家暴的程度。在這種情況下，妻女往往首當其衝，成爲最先的受害者，這種例子並非稀有。

相對於這些失勢而委屈的大男人，他們家裡的女性包括母親、妻子與女兒，其堅韌性就十分突出了，很多家族中或鄰里間的事情就由這些婦女在操

28：日據時期開始自覺的年輕女性

29：「帝國主義」男人群相

持。母親算是鄰里間的大姊頭仔，像跑單幫的阿箬姊以及住在廟口的秀敏姊，不少事都會來求助於母親的意見。

鄰里有幾家專做傳統米食小吃像紅龜粿、碗粿、發粿的小作坊，秀敏姊的丈夫阿全的姑丈家也是其中之一。她必須一早起床，先幫他們姑丈的作坊「炊碗粿」，讓阿全推車沿街叫賣，然後她就來到母親的縫紉教室負責打掃，補貼家用。後來附近菜市場的新廈落成，秀敏姊聽了母親的極力勸言與鼓勵，借錢承下一樓攤位來賣碗粿，從此得以免除沿街叫賣之苦。母親出身營商之家，還有經商常識，知道在市場一樓有個固定攤位的重要性。結果阿全的市場攤位生意很好，積了錢後還頂下了他們姑丈去世後的米食作坊，自炊自賣了。

母親白手起家，同情其他相同處境的女子，於是鄰里間的這些必須有所承擔的女性，自成一個互助網絡。她們的互助關係也庇蔭到家裡的小孩，我出國留學就得到不少母親友人的相助，出國時阿箬姊還送了我一座鑲嵌精美玉石的小屛風，囑我到美國後可以當貴重禮物送給碰到的什麼貴人。

退休後的活躍生命

我看到的這些必須擔起家庭支柱任務的女性，皆非出身富貴之家，大半沒機會接受太多教育，而家中男人或因條件所限，或自我放棄承擔之責，而難有所發展。然而也有家中男人已有一定成就，能夠負起家庭的基本承擔，而女性在此基礎上更能有所發揮的情況。

四叔在醫學院畢業後，進入省立台南醫院，數年後出來自營外科診所。在一九七〇年代初台灣在退出聯合國以及全球石油危機的雙重震撼下顯得前景茫茫，然而四叔的外科診所卻又糾合幾個同業成立了一家綜合醫院，並在那波移民出走潮中為新的醫院蓋了一棟大樓。台灣度過那次危機，而四叔的綜合醫院的經營也蒸蒸日上。在四叔的事業發展上，他的醫師專業本身自有其成功之處，然而我們知道從小診所到綜合醫院的發展，四嬸（李金娥女士）是個重要的推手。

四嬸是個在那年代若生為男性當有豪情壯志，若非身為「先生娘」又當是有自己一番事業的女性。她雖然只有光復後的中學畢業，但因曾上過日據時期的公學校，以此爲基礎也說得一口流利日語。國語教育只有光復後那幾年中學時期，但如今七十多歲年紀用國語演講竟也能頭頭是道。我在一九七〇年代中出國前，曾拿給她一本許信良與張俊宏等人合寫的《台灣社會力分析》，她讀得津津有味，至今還覺得是令她開竅的一本書。

四叔在退休之後，就像大半退休的台灣男人那樣，生命似乎頓失重心。而四嬸在無須兼顧醫院的經營後，卻有了自己的一片天地，除了迷上繪畫，無師自通成了素人畫家（圖30），創作了不少畫作外，還熱心投入生活藝術與地方文化的推廣活動，每天的生活比以前當先生娘時還要忙碌。

四嬸對於台灣家庭主婦的沉重負擔體會極深，她們總是被期待每餐飯都要能端出新鮮可口的菜餚，來滿足家中的男性，包括挑嘴的老公與嬌寵的男孩。她們每天從早就得花上大把時間與精力在這上面。四嬸爲此還畫了一幅畫，畫中一位家庭主婦累得趴在桌上休息，手上還拎著手提包，桌上則擺著一籃剛從菜市場買回來的新鮮食材。

她於是發揮了當先生娘時爲了要應付醫院與家庭的多重責任，而發展出來的各種生活「撇步」。譬如廚房裡各種廚具要如何擺放？剛買回來的食材要如何先期作業才能迅速取用？食物要如何分類與包裝，放在冰箱要如何安排才能做最佳的空間利用？不同食材要如何在短時間內進行烹調？總之就是爲了讓負責烹調的台灣女性，能夠很有效率地端出健康可口的菜餚，而又不會因此而累得癱在桌上。爲此她又開發出多種用台南的地方食材，如虱目魚、肉豉等爲基礎的食譜。

四嬸將這些理念與作法寫成一系列的書，其中這本《廚房藝術家——Super阿嬤冰箱管理》（二〇〇二年），封面就是那張疲憊的家庭主婦圖畫（圖31）。接著她又經常台灣南北奔波到各社區社團演講，推廣她這套「新速實簡」的烹飪與飲食方式，還當場示範如何簡易地烹調出這些健康菜餚。

爲了推廣這套理念，她進而組織了「五柳枝生活文化協會」，將已經不再營業的醫院改成協會的活動中心，舉辦相關活動。「五柳枝」是台南很家常的一種烹飪方式，即將一些平常素材如胡蘿蔔、竹筍、洋蔥、金針、木耳等切成柳條絲那樣，熱炒後用糖醋勾芡而成。四嬸以此名來代表她的新作法仍保存著傳統的美食精神。她心裡所念的還是在爲這些沒能有機會自我發展的台灣家庭婦女，找出有效率的處理家務的方式。四叔與我父親一樣，退休後的晚年由於

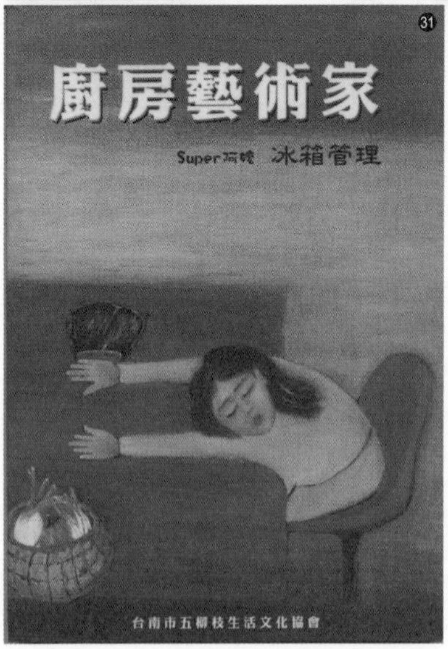

30：四嬸近年的畫作

31：四嬸寫的廚房管理書

病弱等因素而漸漸退縮，然而四嬸卻像活出第二個生命似的。

母親經營縫紉教室四十多年，直到一九九四年她七十七歲時才收班退休。在這之前她除了照顧病弱的父親外，還是從早到晚負責上下午及晚間一天三班的縫紉課程。退休之後，她並沒像從專業退休下來的老男人那樣失去生活重心，而是天天起個大早，走到附近的孔子廟去做外丹功，然後開始一天的生活。

每天的生活比起退休前當然輕鬆很多，但母親是閒不下來的人，除了還在做家事外，每週固定幾次去上佛經課，參加慈濟與法鼓山的活動。此外還去參加老年班的各種課程，其中有老詩人葉笛教的台灣文學班，講述日據時期台灣老作家賴和、楊逵等人的作品，她讀得津津有味。在她的這張台灣文學班結業時的師生合照上，這些阿嬤級的女性穿得多采多姿，而且人數比男性多了不少（圖32）。

母親在一九四四年結婚時外公已過世四年，那時物資食糧因戰爭早已全面配給，連家裡的金子都被徵收走了，母親家裡經營的小雜貨店已難以爲繼，甚至背上債務。在外公過世後的艱難日子裡，家中除了大弟已長成做事外，還有繼母與年幼弟妹，一家生計遂大半落在身爲大姊的母親身上，靠她洋裁工作坊的收入在彌補。母親的繼母希望她繼續留在家裡維持家計，然而年紀已大的母親對婚事自己做了決定，找來她八叔主持婚禮。

在此情況下結婚是個解脫，婚後幾年她幾乎全心在照顧這個新家庭。而那幾年除了空襲時疏散到鄉間而爲瘧疾所苦之外，光復後對她卻是個較爲悠閒的時光（圖33），還在一九四七年隨著父親調職台北時，在台銀宿舍生了我們兄弟倆。直到一九五三年才又因調職回到台南。一九四〇、五〇年代之交那幾年，父母在台北的日子顯然是他們一生最美好寧靜的時光。

父親不善交際，有些牛脾氣，離開台北後在職場上並不順遂，回到台南不到一年就又被調到台中。剛回台南時，母親在家裡再次開班授徒，並且向市政府提出申請設立縫紉補習班。當父親的調職令下來時，母親決定不再跟父親搬去台中，而留在台南另覓房舍成立正式的縫紉教室。

這是母親一生中的一次重大決定，事起倉促，在他們兩人既沒積蓄，也沒家族庇蔭與生意關係的情況下，竟然有個貴人借了一筆大錢，讓母親得以在世居的台南老城區買下一棟格局適當的小平房（土地還是公家的），除了做爲縫紉學

32：二〇〇〇年，母親參加詩人葉笛（後排右二）在台南教授的一個台灣文學班

33：一九四六年，母親(前排右二)於戰後的艱難歲月中在家裡招收學徒

校的教室外，還成爲我們居住了五十多年的老家。幾年後父親又被調到嘉義，接著在一九五九年又要被調到哪裡時，他就辭職回台南到第五信用合作社工作，直到退休。而這時母親的縫紉班幾年經營下來已經打下了基礎，讓父親在多年的漂泊生涯後得以在台南安定下來，我們兄弟倆也就在這穩定的環境中成長。

時代型塑的性別特質

成長於日據時代，沒機會接受高等教育的一般台灣婦女，若要在專業上有所發展，不少人像我母親那樣會在女性的服飾行業裡尋求機會。在我成長的歲月，周遭也不乏例子。我們的親家母擅長針織，他們從日本引進針織機，開了一家針織補習班。一九六〇年代的台灣著名歌手文夏，他母親也在台南開了一家「文化縫紉補習班」，與母親既是同業夥伴，也是競爭對手。文夏這一藝名即是來自「文化」這名字的諧音。母親回憶說，文夏的母親是他們同業中的大姊頭仔，如何向管理他們的市政府折衝與爭取權益，都是由她出面。

在一九五〇、六〇年代，甚至往前推到整個日據時期，這種堅韌的台灣女性所在多有，上面提到的都是我在周遭親身看到聽到的一些例子。相對於那年代威權不起來的台灣男人，他們同一輩的台灣女性眞是堅韌許多，於是家庭做爲子女成長的單位大半是由她們在坐鎭了。她們甚至還帶著拓荒時代的樂觀精神，較不會陷入時代悲情的泥沼，於是傳統社會裡用貶低女性的俚語「像查某人在花（hue˪）」來形容一個人老是「耍賴、無理取鬧、承諾不算數」的這種用法，到頭來其實已經變成大半是男人在「花」了。

如今台灣男人，尤其是政治人物最是容易陷入「花」的狀態，老覺得自己被不公平對待，某種「別人可以，我爲什麼就不可以」的心理，而這恐怕也與長期失去「政治父權」的尷尬處境有關。於是這幾個世代的台灣政治人物往往缺乏「政治家」的氣度，像責任、決斷、大範、自信等人格。而很多進取的男性就往商業上尋求機會，發展出對市場的敏銳心思、求利不辭其細、勤儉的經營態度等特質。在此情境下，相較於悲情的台灣男性必須藉由投「黨外」一票來發洩哀怨之氣，台灣女性則較看中候選人個人的人品，較少受到政治意識形態的束縛，也較不會陷入省籍情結的政治漩渦。

相對於台灣男性的失語，台灣女性卻是多話的，而且是母語的真正傳遞者。閩南語對這一代的女性而言更具母語的意義，傳統上她們本來就沒受太多教育，識字不多，原來我祖父輩讀書識字的福佬男性所使用的上層典雅閩南語，本就不是由她們來負責傳承。日據時期由於現代化過程而來的語言轉換對我祖父與父親這兩代男性所造成的被剝奪感，就較不存在於同時代的女性中。不論在家族裡或在鄰里間，她們還是可以自在地使用日常所需的生活閩南語發言，雖然她們的用語基本不含唐詩宋詞經典成語，但卻是豐富的生活語言。

母親經常回憶起她小時候在街坊聽到長一輩婦女精采的對話，到了晚年還會記起那時聽到的生活諺語。在台灣男性沉默失語之後，她們就成了真正母語的傳遞者了。我的日常閩南母語詞彙與用法，就大半在我成長年代學自祖母與母親她們這兩代女性三姑六婆的日常言談之中，如今腦中還偶爾會冒出幼時聽她們嘴裡說出的一些如今甚少聽到的詞彙。

我年少時，母親因縫紉班關係竟日忙碌，祖母曾有很長一段日子來跟我們住，很多時候我就聽著寂寞的祖母一個人嘮叨著各種事情，或是和來探望的姑媽之間的絮絮對話。我還記得第一次聽到「蔣介石」三字的閩南發音，竟是出自祖母之口，而那時我還不知道「介石」是哪兩字，後來才能將這三字的發音與當時的蔣總統連在一起。

我初次聽到傳統戲曲裡的很多人物，除了從歌仔戲與布袋戲學來之外，大半也都來自祖母之口。一九六〇年代初，凌波的《梁山伯與祝英台》風靡全島，祖母那陣子也經常叨唸著歌仔戲的「山伯英台」。母親則從小就經常在兒子面前細細鋪陳她那施家四代同堂的複雜家族關係，還隨時不忘叮嚀爲人處事的道理，而全部使用生活的閩南語，沒有引經據典。母親直到晚年也一直是我要確認很多日常閩南語詞彙的活字典。

在我父祖兩代男性各自被剝奪語言的社會權力時，這兩代的女性卻還能自在地使用日常平實的閩南語，她們在語言上是較無挫折感的，同樣在面對生活的艱難時，也顯得堅韌許多。相對於父祖輩失勢無力的父權形象與失語處境，她們傳遞下來的則是堅強的母性實質與平實的生活母語。

嬌寵的男孩

男人實質之弱必由女性之強來彌補，以便維持傳統的家庭體制。我們這代戰後出生的台灣男孩，不少就在有著堅韌女性的家庭中成長。這些必須承擔起諸多家庭任務的女性，雖然尚未充分受到現代婦女運動的洗禮，但在她們心靈深處男人實質上已非強者，以致做爲家族傳承象徵之男孩更是如此，更需要被小心呵護了。於是在堅強母性的呵護下，台灣男孩成爲家庭的中心，常是被嬌寵長大的。尤其是在小康中產之家的主婦心裡，她們自知沒有獨力發展的空間，只能望子成龍，將自己的一生寄託在男孩身上，冀望他能夠躍過龍門，考上醫學院。

戰後的台灣男孩基本上就是在受到家庭女性服侍的環境中長大的。有一對朋友，男的是本省人，女的是外省人。結婚前男的就開始在女家走動，當時女方家人對這個大男孩的某些舉止頗覺納悶。這位準女婿來到準岳家，女方已經將他視爲家裡的一分子，也就是說口渴了自己拿水喝，餓了自己開冰箱找東西吃，不用客氣了。不過男的總是不自己動手，很拘謹的樣子，然而對於端來的茶水，桌上的東西，還是照吃不誤，沒有半點遲疑。因此外省人的女家對這個台灣準女婿的行爲甚感不解，擔心他是否見外，融不進這個家庭。

對於一個同樣也是本省家庭長大的我，聽到這些倒是心有戚戚焉，一點不覺奇怪，因爲這類行爲模式其來有自，我也會有同樣表現。男孩在台灣家庭裡有如寶貝般地被照顧得無微不至，平常有什麼好吃的東西，家裡的女人（祖母、母親、姑姨、姊妹或女傭）會把它端到這些寶貝男孩面前，而不是讓他自己去找來吃。家裡有什麼好吃的東西，除了那位父權已被外在環境動搖的大男人之外，家中男孩往往先嘗爲快，有時甚至是比那個當爸爸的更被家中女性賜予更大的優先權。

對於家中的女性每餐準備的飯菜，台灣男孩享有與父親一樣的評論權，在飯桌上指指點點。而家裡若有房地產，大半早都過戶到這些男孩名下。清寒家庭的男孩則經常得到家中姊妹失學工作所換來的財務支援，以便能夠上進，這是台灣家庭很普遍的現象。上面提到的這位朋友和我一樣在這樣的環境中長大，被家中的女性服侍慣了，並不習慣自己找東西吃。

這種現象在我從小認識的外省家庭裡是較少見的，這些屬於一般軍公教或專業的外省中產之家裡，稀有的美食如果不是父母獨享外，至少也不會讓家中男孩有優先權的；而外省家庭主婦在家裡也有一定的地位。外省家庭比較上是父母為大，不那麼寶貝男孩，而且早一點將他們視為成人，要求的禮教與規矩不少。我上高中後開始與外省同學結為朋友，互到對方家裡作客，那時的一個深刻印象是這些外省同學真是多禮有教養。直到現在我的一般印象還是，外省家庭很要求小孩的飯桌禮儀與作客規矩，長幼有序頗被遵循（圖34）。

讀中學時，有個外省同學來家裡玩，到了吃飯時刻母親請他留下用餐，他大方地接受。用餐時他一點不拘謹，下箸之際則自有一番分寸，最後吃完飯以碗盛湯將米粒清乾淨時，還雙手捧碗就口。然後在母親的提示下，他才道謝下桌，與我一起離開去繼續未完的話題。這是我第一次看到一個與我同齡的男生，在飯桌上表現得像個成熟大人模樣，而在那前後交往的外省同學也多有類似表現。

相對於外省小孩的嚴格教養，台灣男孩經常是家裡飯桌上的小霸王，然而一到別人家裡卻又往往不知所措，就像前文提到的那次我們一批同學去岡山同學家作客，所表現出來的拘謹扭捏而不大範的樣子。我們一般台南城裡同學讀

34：高中時代的外省朋友們

到高中也多可能還是如此，因此這位外省同學來家裡吃飯的表現，令我體會到家庭對男孩的不同教養方式。

一九六九年暑假大學聯考放榜後不久，接著就是新生的暑期集訓。那時來自同一縣市的都編在同一營連，我們連上同袍就幾乎全部來自台南。暑訓期中有個懇親會，很多台南的父母們生怕他們的寶貝兒子在軍中沒吃好，受苦了，紛紛前來探望，甚至帶來家中美食，雖然訓練中心已經以加菜的方式，在各個連隊集合場準備了豐盛的午餐接待。

那天來探望這些嬌寵男孩的家人很多，場面十分熱鬧（圖35），部隊長官穿梭其間，向來訪家人致意。我們排長陸官專修班畢業不久，大不了我們幾歲，卻很豪爽大範。活動結束之後，他把我們集合起來訓話，其中的一番話特別令我汗顏。他提到，在到每個學員與家人聚會的餐桌致意時，竟沒有任何一位將他介紹給來訪家人，讓他對我們這些大專集訓學生的禮節很失望。他的話確實打中了我們這些還不知如何待人處事的大男孩的心理弱點，然而他大概也難以理解到這些嬌寵男孩是甚少被當成大範男人來教養的。

35：一九六九年的一次大專暑訓懇親會

公共人格的匱乏

台灣這種小康中產之家對男孩的嬌寵，並非賈母式的溺愛，而是一種以之爲家庭中心的呵護。在母親望子成龍的期盼下，會嚴格要求男孩用功讀書、勤勉上進，甚至會要求老師動用教鞭。所有這些都還不脫是對男孩功成名就與光耀門楣的傳統要求，以做爲這些堅強女性艱苦一生的報償。在成年男性的失勢和失語下，嚴父與慈母這兩個傳統角色遂由女性全包了。如此，父權的觀念與表象雖然還是藉著傳統體制在家庭中延續，但卻缺乏男孩成長的人格教養，尤其是傳統父權屬於正面的那些性向。

另一方面，受到傳統家庭觀念束縛的堅強女性，也難免要壓抑著她們的哀怨情緒，然而被壓抑的情緒總會找到出口，隨著母愛的豐沛能量也一點一滴地傳遞給她們的男孩。於是不少台灣男孩在這種實質失落的父權與堅強卻帶哀怨的母性的交相作用下，他們的人格成長就帶著這麼一種難以大範的人格，較多妒恨之氣，而缺乏大度之量。

戰後新生代的台灣男孩基本上就是在這種不敢大範、欲拒還迎的尷尬扭捏中成長的。當今檯面上不少公眾人物，在行爲表現上那麼地缺乏領導、大度、責任等等被歸屬於傳統父權形象的正面氣質，或許正是這種成長軌跡的反映。大選正熾的二〇〇七年底發生「中正紀念堂」改名事件，主管單位的一位高層政務官以頗挑釁的幫派式語言回應對手，引發更大爭議。其間曾有記者去訪問了這位高層人士老家的鄰里，一些支持他的鄉親表示，他們爲這位子弟竟也能「辦大代誌」（辦大事）而深感自豪。

多年來只要是台灣出身而能登大位、出大名，或得到國際性大獎者，都會受到台灣社會的極度寵愛，可說是對家中男孩的嬌寵所延伸出來的社會與政治行爲模式。連他們同輩有能力的女性，譬如綠色陣營裡諸多有能力當家的傑出女性政治人物，也還在扮演著呵護家中兄弟的台灣姊妹角色，卻又不免要壓抑著她們的哀怨之心。

如此，多年來不少選民對出問題的公眾人物只能抱持著「歹囝嘛是囝」（phainn^{2}-kiann^{2} ma^{3} si^{7}-kiann^{2}）的態度，認爲壞兒子也是自家的兒子，壞兄弟也是自家的兄弟，繼續將他們當成家中男孩來呵護。不少本省籍政治人物在對威權體制進行抗爭時，充滿了怨恨之氣與擅「花」（hue^{1}）之技，但卻難以稱得上大範之才；甚至在前述中正紀念堂改名爭議時，那位政務官竟頗自我投射地要對手「哭著回去找媽媽」。凡此種種恐怕都與這種「失勢父權/嬌寵男孩」的成長情境有關。而我小時候接觸到的那位大範的林先生，竟也只能以否定自己原來身分而變成日本人，來逃離困境。

從黃昏的故鄉到不唱孤兒之歌

一九七〇年代之初流行一首閩南語歌謠〈一粒流星〉，歌詞最後一段是這樣：「一粒流星，流向彼邊去。伊是向我，向我暗示，暗示流浪無了時。堂堂的男兒，應該拿出志氣。」台灣男兒互相激勵要有志氣，恰是反映出這方面的欠缺。在早期閩南語流行歌以及台語電影與電視劇裡，以訴說年輕男性要「有志氣」的主題十分風行，但重點並不在於志氣的內容與目標，而在反映著台灣男人的內在匱乏，一種缺乏自在篤定的遺憾。

〈一粒流星〉這首歌是那時一部甚爲轟動的閩南語連續劇《流浪的吉他》的主題曲。在當年的時代脈絡下，流浪是對家庭責任的自我棄絕，志氣則是對這個人格缺憾的尋求補償，流浪與志氣遂構成流行歌與連續劇的重要主題。這齣戲與這首歌一起呈現了由這種自棄、缺憾與補償心理雜糅而成的悲情調性。

心靈的流浪狀態與責任的自我棄絕，除了引出「志氣」的訴求外，還延伸出對「故鄉與母親」的主題，尤其是對母親的思念。文夏在一九六〇年代初所填詞並唱紅的兩首著名歌謠〈黃昏的故鄉〉與〈媽媽請你也保重〉，對此做了很經典的呈現。前一首（圖36）訴說著：「叫著我，叫著我，黃昏的故鄉不時在叫我，叫我這個苦命的身軀。流浪的人，無厝的渡鳥，孤單若來到異鄉，不時也會念家鄉。今日又是來聽見著，喔！親像在叫我啊！」先是故鄉的思念，最後還是回到母親：「……白雲啊！你若要去，請你帶著我的心情，送去給我的阿母。喔！不要來忘記了！」

後一首（圖37）則是一開始就明示對母親的思念：「若想起故鄉目屎就流落來，免掛意請您放心，我的阿母！雖然是孤單一個，雖然是孤單一個，我也來到他鄉的這個省都。不過我是眞勇健的，媽媽請你也保重。……」每段都反覆以「媽媽請你也保重」來結尾。母親是故鄉的核心，受盡呵護的男孩出社會後，是無時不想念家裡那位堅強的女性保護者的。而父親的形象在早期閩南語

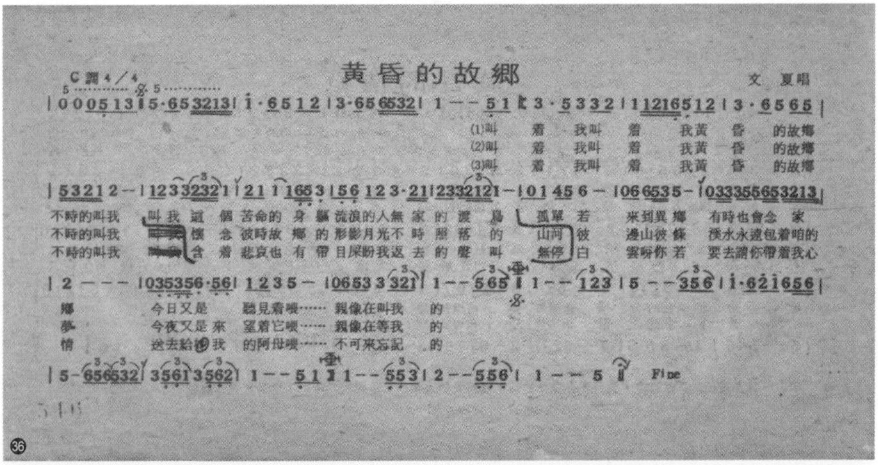

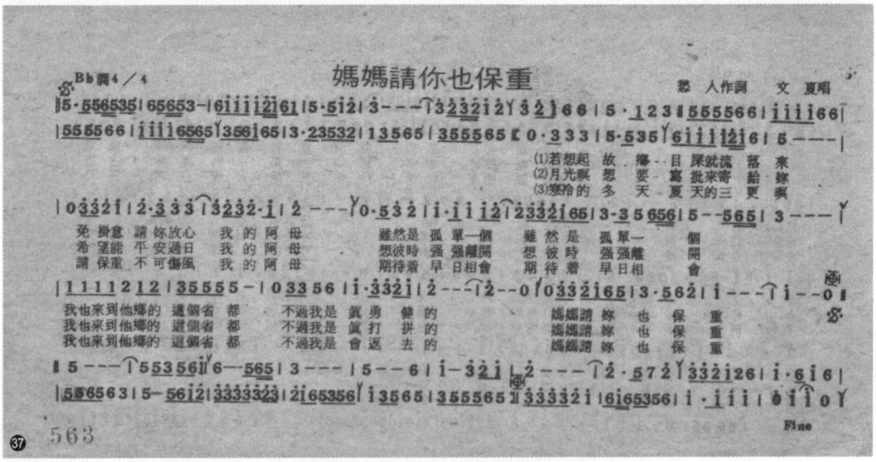

36、37：一九六〇年代歌本裡的〈黃昏的故鄉〉和〈媽媽請你也保重〉

流行歌裡，卻是絕無僅有，依然是無言而隱身。

其實文夏所唱的歌謠領域相當廣泛，很多是在歌詠庶民生活與各行各業的酸甜苦辣，他的中高音歌喉也是屬於輕快溫柔而非哀怨感傷的，他當年所帶出來的「文夏四姊妹」少女歌手所傳唱的閩南語歌謠，其歡樂氣息不會輸給現在的少女樂團。然而經過幾十年的歷史進程後，卻是這兩首思念母親之歌在本土反抗運動者中成了男性的時代悲情代表曲。文夏的這兩首歌謠會成爲海外台獨運動以及一九八〇年代台灣民主運動的運動歌曲，可說其來有自，飽含著參與者的內在心理聯繫。

於是失勢的父權、堅韌的女性與嬌寵的男孩這三角互動情結，便成了台灣這百年來幾個世代之間沒能明言的底層心理。然而我們戰後出生的這些嬌寵男孩，即便是在聽著「懷念母親」和「追求志氣」的歌謠中長大的，已不再像父祖輩那樣失勢又失語了，如今甚至還掌握到論述大權，並操持著國家大器。只是幾個世代下來所造成的缺乏大範的性向，卻還深深影響著我們這世代的公共作爲與精神面貌。

但是時代在變，一九七〇年代以後出生的新生代，是在經濟的發展、社會的開放和政治的民主化之中成長的，這些外在的社會變化構成了他們意識與心志成長的新的物質基礎。雖然年輕世代總有毛病可挑，就像我們在年輕時老被說是「無根的一代」那樣，他們現在則被譏爲「草莓族」，然而這個新世代基本上已經不再「悲情與怨恨」了。他們基本上沒有失語或必須學習另一種語言的問題，作爲現代白話中文的國語對他們而言幾乎與母語的意義不分軒輊了。

聽聽他們現在唱的歌謠，五花八門，創意十足，或許有人會認爲悲愴不夠，本土不足，但就如李雙澤在三十年前的創作歌謠〈老鼓手〉裡所唱，由梁景峰作詞的「我們不唱孤兒之歌，也不唱可憐鳥；我們的歌是青春的火焰，是豐收的大合唱；我們的歌是洶湧的海洋，是豐收的大合唱」，此後台灣的新生代就不想也無須再唱悲情之調與「母親與志氣」之歌了。從一九八〇年代羅大佑《之乎者也》的青春叛逆與黑名單工作室《抓狂歌》的政治批判開始，到如今方文山把《本草綱目》與青花瓷編入歌詞的中國風，以及蘇通達《我身騎白馬》的歌仔戲搖滾風加上蕭青陽的封套設計，脫離他們上兩個世代的悲情意識可謂越來越遠了。

台灣幾個世代下來，在那扭曲的歷史條件中形成的種種心結與爭論，如今在這麼一個嶄新的局面下對新生代而言，已然失去大半意義。新世紀之初，家族中的一位新生代男孩在大學畢業後趁著入伍前的空檔，揹上背包結件到青藏高原去自助旅行了一個多月，從青海入藏，而後從雲貴高原繞到香港回台，一路省吃儉用，所費不多。

他家一位留德的長輩友人問他爲何不到歐美先進國家去瞻仰一番，他答說歐美國家如今一成不變，不急著去看，而中國大陸正處巨變之時，要趕著去見識。他在退伍後就職前，又一個人再去了一次，這次則是從四川入藏，並北上經河西走廊到天山南北，用了一個多月的時間補完他上次未竟之旅。兩次旅行，他一路結交不少各國朋友，包括大陸各地青年，溝通基本無礙。

如此台灣的新生代男性不再陷入「失勢父權與嬌寵男孩」的循環中，不再需要背負父祖們哀怨悲情的歷史包袱，那麼一個「大範新世代」是否已然可期？

3.2

解開父親在東京之謎

前一章「尋找大範男孩」關於文中的「圖11」老照片（圖1），我原是這麼寫的：

還有一張只在背面用鉛筆寫著『17.2日東橋』的照片（3.1圖11），父親穿著整齊，外披深色大衣，還戴著口罩，像是在冬日早晨的上班途中。那兩個數字我只能推測是昭和十七年二月，也就是一九四二年二月時拍的照片。寫有日東橋的還不只這張，日期也不一樣，顯然是個重要地點，而不是到此一遊而已。我上網搜尋日東橋，在大東京範圍的就只有橫濱有這麼一個地名。或許這個光學屋應該就在橫濱的日東橋區附近，那裡也靠近橫須賀海軍基地。我如此猜想。

關於父親在東京工作之處，我憑著他遺留下來的有限資料，只能作如此推想，不曾希望在六十年後的今天還能解開這謎題。不料二〇〇九年元月中旬，印刻的編輯轉來了一封橫濱一位中學校長富山隆先生用英文寫的電子郵件。信上這麼說：他是一家位於橫濱叫「關東學院」的中學校暨高等學校校長，在《印刻文學生活誌》上讀到了我這篇作品*。文中照片的說明提到橫濱日東橋，他於是去做了研究，發現那個地帶在一九四二年是個荒無人煙的山區，因此他認爲我父親走過的應該是另一個日東橋。富山先生並進一步推測，我可能誤讀了父親的草書筆跡，他在相片背面寫的可能是「日本橋」，因爲「本」與「東」兩字的草書類似！

我趕快找出「圖11」的原來照片（圖1），翻過背面一看（圖2），果然應該是個本字的草寫（圖3），而非東字。我爲何會有此誤讀呢？因爲這張照片原來是貼在相簿上的，背面在我小心揭開後不免帶著一些痕跡，而在那個草書「本」字下面那一直畫的左側恰巧就帶著一點汙痕，讓我誤以爲是「東」字。

於是我回信向富山先生道謝，並附上另一張背面也寫著「日?橋」的老照片，請他幫忙確定我父親走過的是日本橋而非日東橋。這是一張父親在同一年站在那個橋頭旁的照片（圖4），只著西裝，沒穿大衣，顯然是不同季節。富山先生馬上回信說，那就是日本橋沒錯，並附上一張網路上現成的日本橋圖檔來

註：〈尋找大範男孩——兼及失勢的父權與堅韌的女性〉一文原刊於二〇〇八年十二月《印刻文學生活誌》。

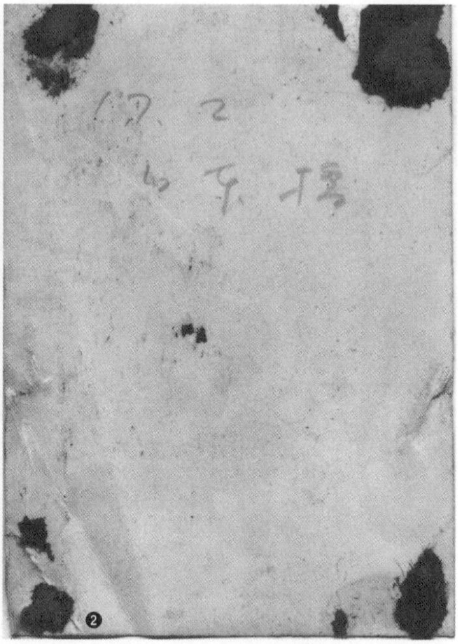

1：「3.1尋找大範男孩」之圖11照片。

2：背面父親的筆跡，我初次讀成「17.2. 日東橋」。

3：唐代孫過庭《草書千字文》裡的「本」字，左下方若多一點就會像東字的草書。父親這張日本橋的老照片就因左下方有一點污痕，被我誤讀為日東橋。

4：一九四二年父親站在日本橋頭
5：二〇〇九年富山先生站在同一位置
（圖片提供／富山隆）

給我參考。爲了版權關係，他後來又寄來一張親自拍攝的照片（圖5）。這兩張照片時間相隔六十年，橋頭石柱與銅獅依舊，但周遭景物全非，不僅蓋了很多大樓，還有一條高速公路凌空而過。日本橋是東京都在江戶時代五條輻輳大路的起點，始建於十七世紀，如今這條建於一九一一年第十九代的現代石造橋梁也有一個世紀的歷史了。幾百年來，日本橋就成了東京的一個重要地標，而父親在一九四〇年代幾次走過這裡，應該與工作無關，而是作爲一個遊客，並留下這些身影。

接下來就有了一個問題。我原先認爲父親當年是在橫濱日東橋一帶工作，如今確定父親與那裡無關，那他工作的「光學屋」會在哪裡？這個問題富山先生也想到了，他建議我再寄幾張父親工作與居住地點的老照片給他，或許可以從中看出端倪。我於是再寄去幾張一九四二年的老照片，包含兩張有著圓拱屋頂建築物的（圖6、7），及一張父親宿舍的外景。在一張有著圓拱屋頂作背景、對焦不準的照片裡，有兩個模糊身影倚著窗子，似乎在對著鏡頭招手，其中後面那位形似父親。

依據這幾張照片，再加上父親在光學屋屋頂的鳥居前與同事合影的另外幾

6：一九四二年的光學屋

7：一九四二年光學屋窗旁有兩人面對鏡頭，後面那人形似父親張（3.1圖10、14），富山先生進一步解釋說，戰時東京有兩家光學公司，一家叫「日本光學」，爲海軍徵用，戰後就成了Nikon會社，即那家有名的照相機廠牌。另一家叫「東京光學」，爲陸軍徵用，戰後成爲Topcon會社，生產工業與科學用光學產品。他於是根據3.1圖10這張照片坐在中間的長官身穿陸軍軍官制服，推論出父親應該在與陸軍有關的東京光學工作。

爲了進一步確認，富山先生上網去找到一張日本光學會社建築物在戰時的老照片，又去買來一本關於Topcon東京光學五十年的書來，終於確定我父親的工作地點是東京光學。爲了舉證，他寄來了三張圖檔，其中兩張是《東京光學五十年史》這本書上面的圖片，分別是一九三七年的建築物（圖8）以及一九八二年的建築物（圖9）照片；第三張則是他自己畫的說明圖（圖10）。

這三張圖片很有力地支持了他的推斷。從圖8這張一九三七年（昭和十二年）的照片來看，屋頂上的鳥居已經有了，但還沒有那個圓拱型屋頂，所以圓拱屋頂一定是建於一九三七年到我父親拍照時的一九四二年之間，這張照片也顯示當時周遭還有不少農地。而從圖9的一九八二年（昭和五十七年）照片來看，不僅圓拱屋頂與鳥居都還在，也多了不少新廠房，顯示這家公司來到一九八〇年代還大有可爲；那原本暗色的圓拱屋頂換成了銀白色，並且刷洗得閃閃發亮；那鳥居旁的樹木也長得翠綠蓊鬱。我甚至還可在這張照片上找到父親在一九四二年倚望的那排窗戶。這張照片也顯示原來公司周遭的農地都已變成工廠、辦公樓或住宅區了。富山先生的手繪圖則很清楚地說明了鳥居與圓拱屋頂的年代變化。

從這些新舊照片以及富山先生的手繪說明，我遂十分確定父親當年就是在東京光學工作，而手上這些老照片即是他那時留下來的，顯然那段日子對他還有著重大意義。我於是上網找出這家公司所在，它位於東京都北邊板橋區的蓮沼町。市中心的日本橋確實只是他假日踏足之處，而日東橋所在的橫濱則遠在東京之南的另一頭，與他無關了。

至於我父親所住宿舍會在哪裡？從他留下的老照片看（3.1圖12），那只是一間周遭都是農地的尋常老屋，我又發現在那張東京光學工場一九三七年的照片裡（圖8），工場周遭大半還是農地，很可能父親的宿舍就是田間的一棟房子。經過六十年那整片房舍都已經改建了，同時我想父親的宿舍也非他在東京的謎題所在，也就不再追究。較讓我心中酸澀的是，在二戰正熾的一九四〇年代，

8：一九三七年的東京光學工場全景，可以看出屋頂的鳥居與樹叢已經有了，但尚未有圓拱屋頂。鳥居所在的光學屋是它的主體建築，工場周遭則有不少農田。（取自《東京光學五十年史》，一九八二，東京光學機械株式會社出版。圖上文字與圓圈為作者所加）

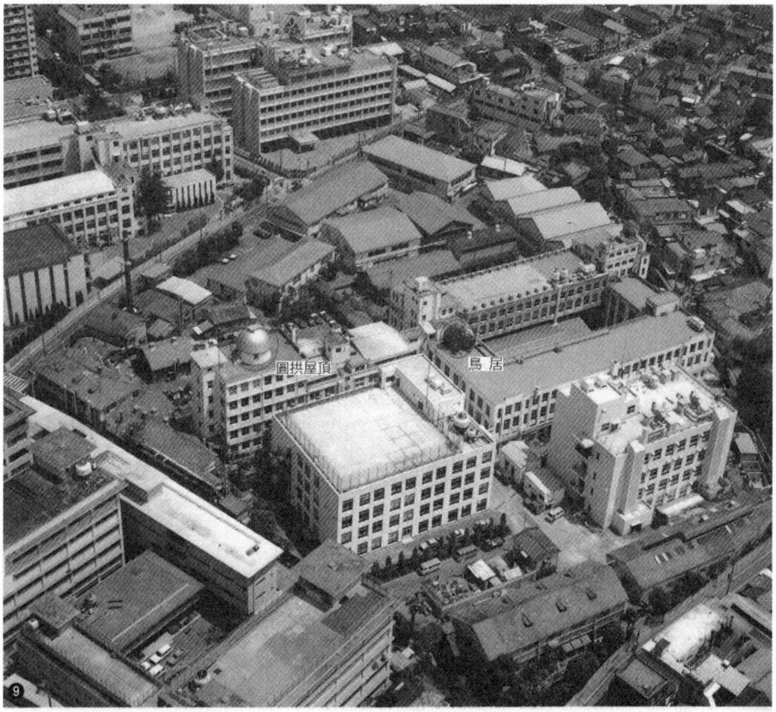

現在の本社工場(昭和57年6月撮影)

9：一九八二年的Topcon建築群，多了很多新廠房，周遭農田也都變成工廠、辦公樓或住宅區。只是光學屋還在，屋頂上的鳥居依舊，而樹叢更蓊鬱了。原來暗色的圓拱屋頂則漆成閃亮的銀灰色。父親招手的窗子，位於圓拱屋頂與鳥居之間，還清楚可見。（取自《東京光學五十年史》，一九八二，東京光學機械株式會社出版。圖上文字與圓圈為作者所加）

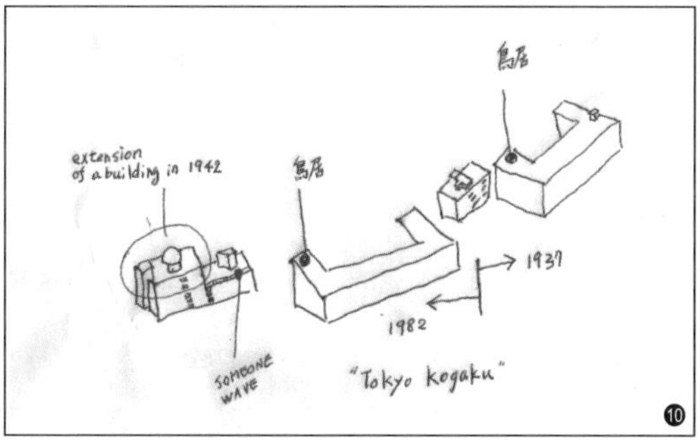

10：富山隆先生手繪說明圖。右方是一九三七年的一大一小兩棟建築，鳥居在那棟大的屋頂上。左方是一九八二年的變化，鳥居仍在，而原來的那棟小建築則可看到在一九四二年之前就新築的圓拱屋頂。

在他於一九四四年回到台南相親之前，原來是躲在東京近郊的這家光學會社工作，而他那時的處境與心情在回到台灣後數十年來，卻從未與家族中人談起與分享，我只能從他遺留在這些照片上的神情去揣測一二。

我寫信向富山先生致謝，順便好奇問起，爲什麼一位橫濱的中學校長會讀到《印刻文學生活誌》，我以爲這份中文文學雜誌只在華人圈裡流傳。他回信說，他喜歡侯孝賢的電影，已經看他的作品有廿五年之久了，因而一直想多知道台灣的文學、文化和歷史，以及侯孝賢的相關資訊。三年前他在台北街頭看到以朱天文爲專題的一期《印刻文學生活誌》，就買來看。他說他不會說中文，但會讀一點，覺得這份雜誌頗有意思，就訂閱了，並因而讀到我的那篇文字，竟因此幫我解開了父親當年在東京工作之謎的大半。由此我寫下這篇續文，以記此印刻因緣。

然而當我二〇一〇年底一邊整理這些文稿準備出書，一邊又數度來到戶政事務所查詢家族資料時，竟然在一份日據時期的老戶籍登記上，發現關於父親的一張浮籤登錄以毛筆字如此記載著：「東京市板橋區志村本蓮沼町三百三十一番地　柴薫莊。昭和拾六年拾月參日寄留。昭和十九年八月三日退

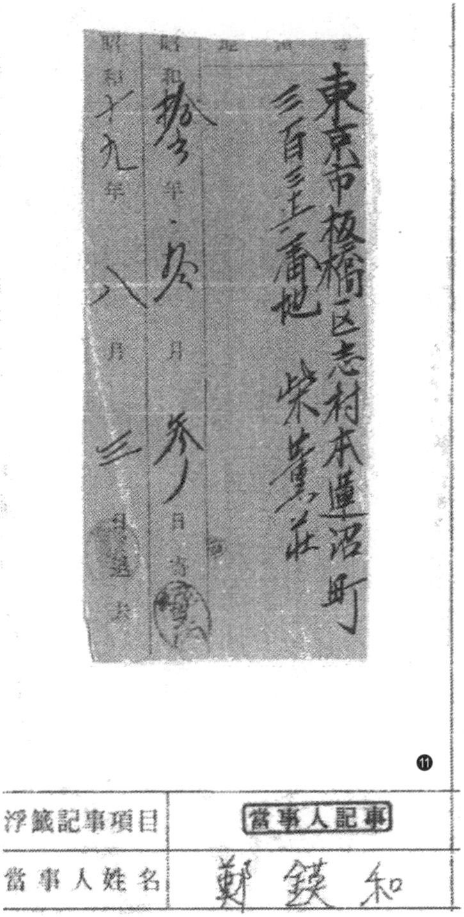
東京市板橋区志村本蓮沼町
三百三十二番地 柴薫荘

昭和十九年八月三日 退去

浮籤記事項目	當事人記事
當事人姓名	鄭錤和

11：在台南的戶政事務所找到的日據時期父親住在東京市板橋區蓮沼町柴薰莊的浮籤註記

去」（圖11）。那個地方即是富山先生幫我找到的東京光學（Topcon）會社所在的「東京都板橋區蓮沼町」，這下就把父親當時在東京光學工作時的住宿處也連起來了。而且父親戶籍「寄留」到那裡的時間是從一九四一年十月開始，而在一九四四年八月結束。父親在光學屋時期留下來的照片有日期可尋的最早是一九四二年二月，其他的也都在那一、二年內拍攝，而在一九四四那年他就回到台南，到貯蓄銀行工作，並在九月結婚了。

如此，照片上那棟房舍可以確定就在東京光學會社的光學屋附近田野中，而且還有個詩意的名字，叫做「柴薰莊」。

4.0

回溯

本書主要的前三篇影像文字所談的故事可說是環環相扣。從現代化浪潮下台灣女性如何主動而高興的換穿洋裝，談到在相同的歷史處境下台灣男性如何被迫薙髮易服，而導致他們的身體與服裝之間形成尷尬的關係。由此我又進入父親那代人的心靈深處，試著摸索出他們在殖民統治的現代化浪潮下被扭曲的種種心理癥結，並因此進一步碰觸到我們戰後新生代在父母親交互影響下的精神面貌。

這些文字談的主要是兩代間的故事，就是台灣在二十世紀初進入現代化過程之後的頭兩個世代。這兩代人由於中間有個日本戰敗與台灣光復，分別在日本時代和國民政府時代成長，因而互相有著既斷裂又繼承的關係。但是這兩代人卻又有個也是既斷裂又繼承的共同淵源，即是沒有被現代化洗禮的我們祖父輩先人。不論我們如何現代化，我們的母語脫離不了這個上千年的傳承，我們的內在也堆疊著多少他們的文化積累。

我們這代人是還曾親身接觸過這些前清遺老遺少的最後一代人，也就是直到我們的求學年紀，他們都還在我們周遭活動著，譬如我在這三篇文字裡所描寫的我的祖父母。若缺乏對他們那一代人的書寫，我們對台灣現代化過程的理解將會是不完全的，就是說前清遺老的祖父母、第一代接受日本現代化教育的我父母以及戰後接受民國的美式教育的新生代，這三代人之間的傳承與斷裂關係共同構成了一個較完整的台灣社會的現代化過程的圖像。

由此，我遂補上底下兩篇對我父母雙方家族的書寫，追溯我祖父母那一代人身處社會巨變下的生命情境，以完成這百年來三代之間的曲折故事。

4.1

繁華落盡五條港

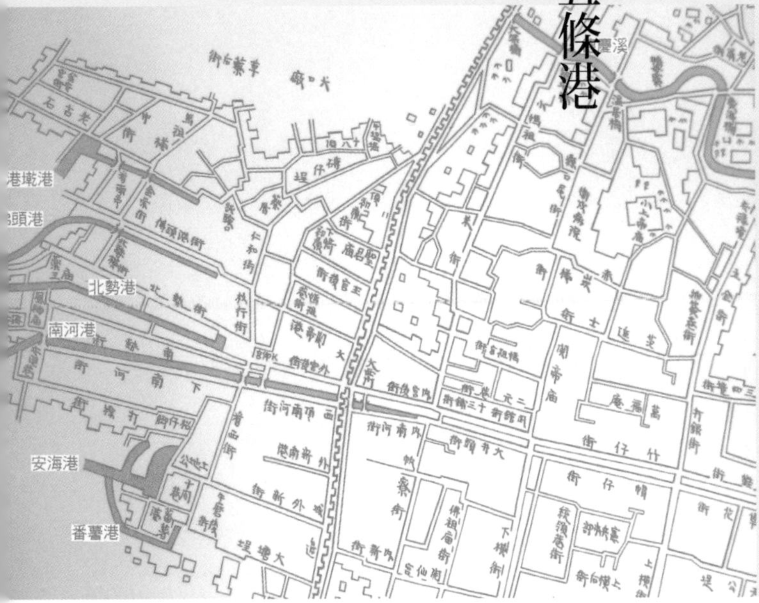

本書緣起的這張一九二三年家族照（1.0圖1）是在施家的大厝拍攝的，母親的施家是台南的一個小商人家族，商號叫順興商店，住的大厝叫施順興堂，就在現在台南市海安路與民生路之交的西南角，舊名番薯港，如今海安路二二五巷進去那一帶（圖1）。

番薯港的施姓家族滄桑

番薯港位於清代道光年間疏濬的舊運河五條港的最南端。前清時期台南的海岸線隨著溪流的沖積、沙洲的擴張以及颱風的肆虐，逐漸往外推移。道光年間的一次大颱風更使得台江內海消失，將安平與台南連成一氣。原本大船可以直接開到西門城外，這時只能停靠在安平外海。但在淤沙沖積的同時，也形成了五條主要的入海溪流，從北到南是新港墘港、佛頭港、北勢港、南河港與安海港，最後匯聚出海，這些溪流在道光年間被疏浚爲可行小船的運河。於是海船在安平外海下錨，再由小船裝卸貨物經由這些運河來回於這幾條小河汊，因此台南西門城外原來的商埠依舊興旺。

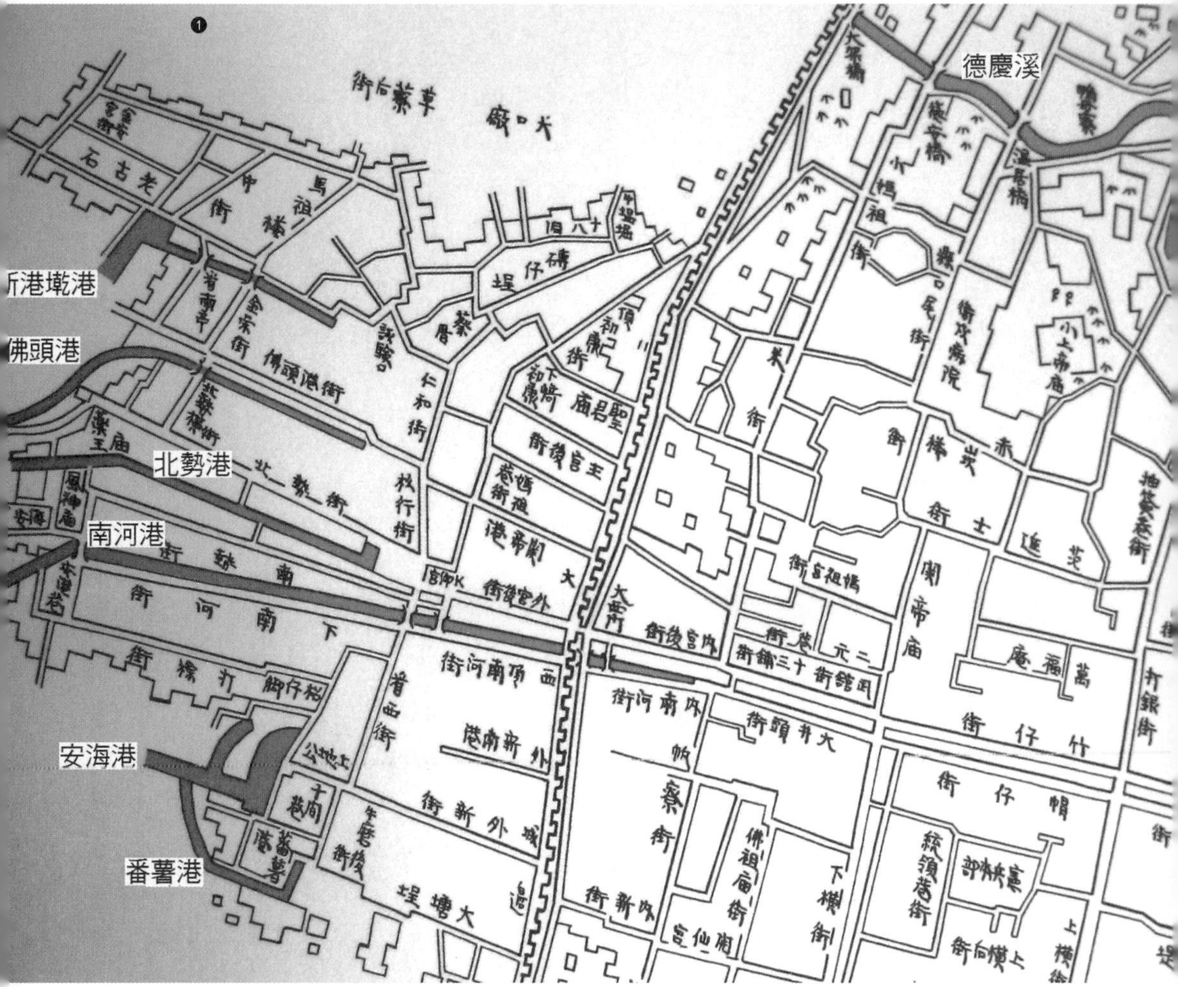

1：十九世紀末日本據台之初繪製的台南城西門外五條港一帶簡圖。圖中台南城牆尚未拆除，老街名與老地名也都還在，番薯港是安海港的最南支流，施氏家族在前清中葉移民至此，建立家業。（十九世紀末〈台南城圖〉局部，黃天横先生提供。左邊港汊名稱為作者所加）

台南人就叫這五條連上運河出海的主要小河汊為「五條港」，是前清時期台南商賈興旺所在。很多地方習俗民風都與此有關。譬如「做十六歲」的成年禮，就是因為五條港的搬運工以十六歲來區分成人工與童工的工資而來。「港」在這裡是其漢字原意「水流之巷」，指的是小水道，就像《水滸傳》裡描寫梁山泊「周圍盡是深港水汊」、「有無限斷頭港陌」的那種港汊，而非現代觀念的海港。為有別於日據時期在其南邊開闢的出海新運河，這條舊運河就叫做五條港運河，而隨著城市的擴展，如今也沒留下太多痕跡了。施家所在的番薯港則是屬於這五條港最南一條安海港的分支小港汊。

根據族譜，母親的高祖施穆遠是福建泉州府晉江縣人，在前清中葉帶著兒子施埕等一家大小，渡海來台營生。他們選擇的落腳處是原來就有一些施姓同鄉聚居的台南西門城外的番薯港，這裡的施姓族人曾在一八五七年還從晉江老家的地方保護神南沙崗六姓府廟帶回分香，蓋了一樣的一座王爺廟。施家父子兩代就在這條港汊邊上經營起這個火炭與大材（用於建築、家具的木材）的生意。大材與火炭是在南投山區採伐與燒製，由濁水溪運到下游出海口的鹿港，走海路轉運到台南，而由小船經由五條港運河來到番薯港。施埕生了四個兒子，到了二十世紀初也枝葉繁茂，還經營起米店、雜貨與輕銀（小器皿）等小生意。

這個家族的木材與火炭生意顯然經營得還不錯，不只蓋了家族的大宅（他們叫大厝），取名施順興堂，還捐出六姓府王爺廟旁的施家土地，合併蓋了施氏宗祠，將這王爺廟包含在裡面。這座祠堂雖然規模不大，後來卻成爲台南的施姓宗祠，如今又成了「台灣臨濮堂施姓大宗祠」。

五條港在日據初期又淤塞了大半，到了二十世紀初已經完全不通舟楫，木材的生意遂不能在這裡進行，而搬移到台南城東新建的火車站旁。木材從台灣中部山區運來，這時已經不必藉助貨船，而是由新建的鐵路來運輸了。不只木材，其他南北貨物也都如此。隨著日據時期縱貫鐵路的興建，台南的發展重心移往火車站所在的城東，城西的五條港就此沒落下去。這樣的時代變化深深影響到包括這個施姓小商人家族的五條港商家，從這張照片的房舍狀況來看，顯然已呈年久失修的滄桑，生意確實不再好做，而連帶的這個家族也面臨分家的命運。

一九二〇年代的族人身影

拍攝這張家族照的一九二三年，母親高祖施穆遠及曾祖施埕皆已不在。施埕的四個兒子也僅存兩個，就是照片上坐在中央長著白鬚的兩位男性老者。右邊（第二排右三）是老三施和春（母親的祖父，我的外曾祖），左邊（第二排右四）是老二施和萬（母親的二伯公）。施和萬的左邊是他的妻子，母親的二姆婆；再左邊是老四和順的遺孀，母親的四嬸婆。這四位老人家即是當時的施家長老。我母親那時才滿四歲，即是前排坐在地上最左邊的那位小女孩。

在這張家族照上，族中大老還是一副閩南傳統服飾，照片上的文字說明在日本紀年（大正十二年）之後還有中國傳統紀年（癸亥孟春）。這時日本帝國在台統治已有二十七年，過了一半，日本式現代化教育與社會改造已經全面展開。日本影響已經呈現在庶民生活的各個層面，母親再過幾年就上公學校讀書了。站在最後一排兩邊是正值中學年齡的年輕一代，穿著立領的西式校服，那是日據時代男學生的標準制服式樣。而坐在最前排的幾個年少男生，有的甚至穿起了和服。

在這祖孫之間的我外公那一輩中生代則時而穿傳統台灣衫，時而穿西式服裝。男性服裝的這個變化依著老中青少的次序逐步呈現。一九二三年拍照當時，母親的八叔與九叔都已結婚生子，照片上有抱著小孩的八叔（後排左三）與八嬸（後二排右一）；還有穿得很摩登的九叔（後排右三），與穿著傳統台灣衫的九嬸（後二排右四）形成強烈而有趣的對比。母親的九叔喜穿美服，照片上他穿得最摩登，母親回憶說他也喜歡到詩社吟詩作樂，而屢爲九嬸所叨念。我在一九五、六〇年代的小時候，經常隨母親來到他們在西門路上的順興棧雜貨店，就會看到這位已是鶴髮白鬚的施家九叔公，閒坐在店門口抽著水煙，十分自在。令我印象深刻的卻是，這時他穿的不再是打著蝴蝶領結的西服，而是一身傳統白色台灣衫。排行第七的外公在拍照當時因爲要照顧白金町的錦順興雜貨店，而沒能回來參加合照。在家裡保存的他的唯一遺照上，他穿的也是一襲白色台灣衫。

相較於各世代的男性服飾隨著時代變化而逐漸呈現，女性的服飾象徵著傳統的最後堡壘。這張照片上的女性從老到小都還穿著傳統服裝——她們稱之爲台灣衫的傳統唐裝。從這張黑白照片上看不出顏色，不過我們仍然可以想像，施家女眷在這個難得的場合必然從衣箱裡拿出她們最漂亮的衣服來穿上，必是穿著繡有美麗花樣、五顏六色的台灣衫。小女孩應也會被如此打扮。母親回憶說，她的這些女性長輩平常雖然穿著樸素，也都穿傳統台灣衫。

再往前推三百年，一六四四年清兵入關改變中華服飾時，也曾經有過這麼一次「男降女不降」的現象。男子被迫薙髮結辮、穿起滿洲服飾，而女子則依舊一副明代打扮。這種男變女不變的對比情況，直到我年輕時的一九六〇、七〇年代還可看到。我祖母及其同輩的一代婦女都還穿著台灣衫、梳著傳統髮髻，就如照片上母親的長一輩婦女，她們就以如此傳統打扮終其一生。而她們的男人則多早已改成西式打扮，辮子更是在日據早期就剪掉了。

複雜細緻的家族稱謂

在閩南語裡，家族中不同位置的女性各有不同的稱呼，姑姨姆嬸妗總共五種，是從小就必須分清楚的。姑是父親的姊妹與堂表姊妹，姨是母親的姊妹與堂表姊妹，這是比較容易的部分。屬於無血緣關係的姆嬸妗，小孩子就經常會搞亂。我們要稱呼伯的妻子爲姆，叔的妻子爲嬸，而舅的妻子則是妗。再更上一層到祖父母輩，伯公/姆婆、叔公/嬸婆、舅公/妗婆等這些稱呼就更龐雜了。不僅如此，對同一輩人的排序也有細緻的規定。在台南，最年長的姑媽不一定會被稱呼爲大姑，譬如我就只稱呼我的大姑媽爲阿姑，因爲她年齡比我父親小。我也不稱呼我父親兄弟中最大者爲大伯，而叫他阿伯，因爲我父親是次子，我只有一個伯父，沒有二伯。年齡小於我大姑媽的三叔與四叔的小孩，則有大伯、二伯、大姑、二姑可叫了。這種隱含著稱呼者與被稱呼者相對位置的規則應用在所有親族稱謂上。

這種頗爲細緻的稱呼規則在講究上下秩序的傳統大家族裡是必要而自然的。然而到了我孩提時期的一九五〇年代，大家族早已解體，對於來訪的女性親戚，到底是三嬸還是三妗，經常一時叫不出來。被母親或祖母帶著去探訪的那位族中女性長輩，是我的大姑婆、三姨婆、四嬸婆還是四妗婆，也必須在我孩提時候的心裡頭一點一滴的累積分辨。

這種在小時候讓我時而困惑，卻又令人驚奇於它枝節蔓延的複雜稱謂，對母親小時候的大家族而言，卻是日常生活天天進行的訓練，早已成爲語言習慣。這是個四代同堂的家族，這張老照片人物基本上都住在同一個屋簷下，這個叫施順興堂的大屋裡。其實那時存在的只有三代人，最老一代是母親的二伯公／二姆婆、鰥夫的祖父（三房）以及守寡的四嬸婆等四人。但這四位族中長老卻隱含著再上一代的我母親的曾祖父母，即已經過世的施埕夫婦。從母親的曾祖父母開始算起的四代人口全住在這一棟大屋裡，實質上涵蓋了上下四代的關係。

這個四代同堂的關係還可從與母親同輩的堂兄弟排序上看出來。在照片上（圖1.01）的最後一排有幾個中學生模樣的男孩，其中有我從小就叫起的大舅（後排右二）、二舅（後排左二）與三舅（後排左一）。這三位不僅與母親不同一個父親（大舅與三舅是母親的二伯所生，二舅則是母親的三伯所生），他們還不同一個祖父，母親的二伯是施家三房、母親的祖父所生，而三伯則是施家二房、母親的二伯公所生。因此他們的連結與排序全來自於共同的曾祖父母——施埕夫婦，這對夫婦雖已過世，卻還起著維繫這個家族在同一屋簷下的作用，到了第四代還一起論輩排序。

四代同堂的家族裡，新生的第四代都還在一起排序，那壯年的第三代就更不用說了。在這同一屋簷下，我母親有十一個伯叔，分別由施埕的四個兒子所生。我的外公排第七，就是說我母親要從大伯／大姆叫到六伯／六姆，再從八叔／八嬸叫到十一叔／十一嬸，而我則跟著要從大伯公／大姆婆叫到十一叔公／十一嬸婆，如果他們都還健在的話。從大伯公出世到十一叔公誕生經歷了二、三十年時間，當這個小十一叔公終於來到這世界時，他的大姪兒（即我的大舅）已有七個月大。同齡的叔姪兩人一起上學玩耍，照相時也站在一塊（後排右一與右二）。母親的這個十一叔是她二伯公晚年得子，甚得寵愛。這十一個同堂兄弟到我童年時就只剩下第八與第九位，我實際上只有叫八叔公與九叔公的機會。

在照片上母親的五姑也出現（後二排左一抱小孩者），因爲恰巧回娘家來。她們這一輩的同堂姊妹共有五位，母親由大姑叫到五姑，拍照那年都已出嫁。母親的伯叔輩女眷除了八嬸與九嬸外，還有三姆（前排左二半坐者）、五姆（後二排右三）、六姆（後二排右二）以及她的繼母（最左邊抱小孩站立者）。照片上還有一位母親九叔兒子的奶媽，其他則多是屬於最晚輩的小孩與嬰兒了。

在母親的同輩中，除了站在最後排的我大舅、二舅與三舅外，還有前排和母親一起坐在地上的兩個小女生。我的這些施家阿姨總共也有十來位，然而她們不再排序，我們晚輩區別她們的方式是在她們的暱稱之後加上個姨字。坐在前排的兩位阿姨就分別是我的阿娥姨（施彩娥，母親八叔女兒，前排右一）與阿花姨（施燦花，母親九叔女兒，前排左二）。她們兩位和我母親是施家年齡最大的同堂姊妹，也是這大厝裡的兒時親密玩伴，幾十年後仍然是我最熟稔的阿姨。

家族女性來到母親這一代，同堂姊妹不再排序。不過同輩女性中年齡最大的母親，倒一直被施家晚輩稱呼大姑或大姨。這不僅是這個大家族本身的變化，恐怕也是整個時代的變化。在日據時期經濟變遷的環境下，家族事業難以維持，分家已是難以避免，新生代四代同堂的排序在分家之後也就不再可能。

矜寡孤獨廢疾者皆有所養

時代的變遷帶給外公這一世代男性極大的壓力，他們的十一位堂兄弟來到拍照時的一九二三年，只剩下第七、第八、第九與第十一，存活率只有三分之一，其他都英年早逝，可以想像日據初期台灣男性所感受到的環境壓力。母親提起乙未年日軍登陸台灣時，十來歲的外公曾隨族人從番薯港上船逃到晉江，而在平靜之後才又回到台南來。這些動亂與巨變對那一代人尤其是男子而言應是十分殘酷的，於是留下不少青壯年寡婦，照片上就有三姆、五姆與六姆三位。

家族女眷早逝的也不少。阿花姨的母親在生下她弟弟啓彬舅之後不幸早逝，照片上母親的九嬸是九叔的繼室，那時剛過門不久，啓彬舅才會由一位奶媽抱著（後二排右五／右六）。母親的生母也是不幸早逝，外公後來有個續絃，那時已生了母親的大弟，拍照時抱在懷中（最左抱小孩站立者）。在那個年代英年早逝並非不尋常，家族人口多，但夭折的也不少。幸好有個大家族的照顧，並無孤雛悲劇的情事。母親施家的大伯到六伯生的小孩都不多，其中有我的大舅到三舅，此外還得靠抱養與過繼。十叔早夭、十一叔被嬌寵。母親這一代的人口就集中在排行第七的她父親、八叔與九叔所生，這三個堂兄弟一共生養了二十多個兒女。

外公娶過三次妻室，最早一位結婚不久即去世，接著母親的生母也只生她一個，母親的繼母總算養成五個小孩。分家後外公分得白金町上的錦順興雜貨店，但只能勉力經營，卻不幸在一次感冒誤食藥物引起肺部併發症，在母親尚年輕未婚時就猝然辭世。母親的八叔與八嬸似乎是家族中較爲完整而無變故的一支，生養了三男三女。拍照時他們已育有三個小孩，長女（阿娥姨）是母親的姊妹淘。分家後八叔繼續負責大材火炭的買賣，後來並在西門路上開了一家賣家用器皿的輕銀店。九叔元配本已生了兩個孩子，大女兒（我的阿花姨）才五歲，與母親同齡，兩人一起坐在前排地上；大兒子尚在襁褓中，由奶媽抱者。繼室的九嬸再生養了四個小孩，在母親的印象裡，她最重視小孩教育。分家時，九叔分到另一家雜貨店，即是西門路、友愛街口的順興棧，一直到我上大學的一九七〇年代初都還健在。

這麼一個大家族的最年輕一代雖不缺乏男丁，還是會收養男孩。無後的五伯/五姆收養了再旺（前排右二），夫婿早逝的六姆收養了玉昆（前排右四），而已生了二舅啓興的三姆又收養了素定（後排右四）。畢竟在這大架構之下，個別小單位還是需要傳承的完整性吧。這三位是施氏家族分家前收養的，但在同一輩的排序上，到了三舅啓宗後，就不再排這三位以及以下的啓字輩諸舅了。

一九四五年二戰尾聲，盟軍的轟炸、疏散與疫病也帶來了不少家族災情，母親她家人把雜貨店收了，與施氏族人疏散到靠山的大內鄉，八叔公先前曾在那裡購置了地產房舍。不幸很多族人在那裡感染了瘧疾，其中母親的繼母、八嬸及其媳婦和小兒，還有其他數人，都沒能安然度過這難關。

可以說，那個年代矜寡孤獨乃是常有之事。然而在分家前的這個施氏家族裡，孤兒寡婦都會得到妥善的照顧。施順興堂裡，守寡者不僅不用分擔勞累家務，還被賦予比其他同姒（妯娌）更大的管理權力。這個優待或許是爲了留住寡婦，因爲守寡即使在傳統社會也不是容易的事。寡婦於是被賦予較大的管家權力，母親牢牢記得她屢屢受到守寡六姆的嚴厲管教。孤兒也會受到照顧與栽培，父母雙亡的三舅，因爲書讀得好，就一直讀到台北高等商業學校（台大管理學院前身），成爲年輕一輩的楷模。

這個經營大材、火炭、雜貨、碾米、輕銀生意的家族，族人稱之爲「公司」。這個公司之名是閩南人傳統上用來稱呼家族共同產業的，是個家族的經濟共同體，而非現代企業的公司。施家的產業包括族人所居的大厝、旁邊的倉庫，以及所有的店鋪等，都屬這個公司所有。這是個閩南傳統的經商家族，並沒有田產。族裡每人各有所司，壯年男子負責公司產業的各個方面，在一九二三年那年，外公就負責照料白金町的那家錦順興雜貨鋪，八叔公負責大材火炭的進出貨。女的則負責族中各方面的管家事務。開飯是大家一起吃的大鍋飯，母親記得每天早上她的祖父就帶著人去菜市場買菜，回來交由負責廚房的女眷與幫傭燒飯。

這個淵源於宗族傳統的保險共同體，可說是具現了「矜寡孤獨廢疾者皆有所養」的一個小天地。出生即失恃的母親，童年就在這樣的公司環境裡度過。母親回憶在他們分家搬到白金町後，每當要回到番薯港老家，總還是說要「轉去公司」。這種稱做公司的家族組織，如今在南洋的閩南移民中還可見到，譬如在馬來西亞檳榔嶼上規模甚大的「邱公司」，就是一個全族人聚居，共同營生，進而發展出大企業的範例，如今其輝煌的家廟甚至成了景點。

然而在台灣，於前清時代建立起來的家族事業，到了日本統治的政治社會環境之下就很難經營，而走上分家之路。在這幀家族照數年之後就眞的分家了，我的外公分到了在白金町（忠義路）上他原來就已在負責的那爿叫錦順興的雜貨店。母親那四代同堂兄弟排到第三之後，也因分家而排不下去。然而我的那幾位大舅到三舅（或大伯到三伯）的稱呼卻延續不變，遂與我母親的三位親弟的稱呼混淆，以致年少時我只好叫母親的這幾個親弟爲阿舅而不排序。這種複雜的情況也是後來才慢慢釐清。

分家後，外公經營的雜貨店一直不順利，其他族人的生意大半也只能小康度過，並沒能恢復早年風光。其中母親的八叔繼續經營大材與火炭生意，並在二戰時負責台南州的火炭配給管制組合的工作。後來這項工作由高等商業學校畢業、日文流利的我三舅接替，當起組合長來，這算是施家族人中較爲發達的情況。母親這輩人成長於日據時期後半，隨著殖民政權全面控制台灣並進行現代化改造，條件確實比動亂的早期爲佳，即使已經分家不再有家族大樹庇蔭，大半子弟卻也多能長成，不過除了少數成爲西醫外，出路卻還是很有限。

互相倚靠的族親與聯姻

在這張家族照上，有兩位坐著的中年男士身分尚待說明，即是照片上與四位族中長老同坐一排的最右邊兩位。這兩位神祕人士的確不與其他人同住在這個屋簷下，而是來作客的，他們能夠入照顯然是因爲與這家族有關係。他們又能與四位長老同坐一排，也顯示與他們是同輩身分，雖然看起來年輕許多。

他們戴著與母親的二伯公一樣的圓帽子，不知是否爲閩南流行的老樣式。他們確實直接來自閩南泉州，而且是這兩位族中男性長老的堂弟，即是來台第一代施穆遠留在晉江的兄弟之後，這時追隨著伯叔公的足跡也渡海來台。因此這張家族照在加入他們之後，就指出了這兩位男性長老與他們的泉州堂弟所共有的祖父母，於是就呈現出一個不只四代、五代，還可能是六代的系譜，雖然這個系譜在這張照片上有很多隱身者。

這個隱含著的四代同堂與六代系譜的家族照，就是因爲這兩位泉州族人跨海遠道而來，臨時起意而拍攝的。這兩位泉州族人，其中一位母親回憶說外公叫他賁叔，渡過西元一九二三年的台灣海峽，並非純來探訪台南親族，也有另尋生機之意。民國十二年的閩南地區還是軍閥孫傳芳的勢力範圍，而日本帝國拿下台灣之後，接著覬覦對岸的福建，也在閩南一帶建立據點。這兩位施氏族人離開斯時民生凋敝的閩南，來到台南依附族親另尋生機，顯示著此時的閩南地區，尋找海外出路的人口仍在繼續外移。然而據母親說她的這兩位族叔公最後還是回泉州去了，當時的台灣在日本殖民統治下畢竟已非歡迎華南移民的所在了。然而他們的子弟在光復之後卻也有到台灣來落戶的，並在屏東經營起木材事業。

家族的繁衍維繫，姻親是很重要的部分。母親的大姑嫁到陸姓人家。台南陸家原就和施家一起合夥做生意，在台灣中部山區合採木材燒製火炭。施家大姑婆生了三個兒子，她雖早逝，陸家姑婿與他的三個兒子還是與施家十分親密。陸家這三個兒子中，老大清水舅當時常駐南投竹山經營木材採購，老二清江與老三清塗都成了西醫，清塗舅在鄉間開業，清江舅則在台南西門路上開陸內科，是我兒時經常看病之處。我們稱呼這些母親表兄弟的舅輩，如同稱呼母親的諸多同堂姊妹，就是在名字後頭加個舅字，而清江舅的妻子當然就是清江妗了。清江妗常來來探望母親，而她娘家就在靠近我們住的中正路/忠義路之交這一帶。清江妗本名賴玉琴，她三個兄弟中有兩個就住在附近，二弟賴再生在中正路上經營米店，三弟賴再興在忠義路上開賴內科，而大弟賴再得則是成功大學教授，住得較遠。

賴內科就在我家不用過馬路的同一個區塊，但小時母親帶我看病還是走到較遠的陸內科，畢竟表哥還是比姻親更親密。賴家的米店在過忠義路另一頭，倒是我童年時經常跟著母親走訪之處，因爲經營米店的賴家老二娶了母親幼時的姊妹淘阿花姨，前成大校長賴明詔是他們的次子。如此賴家的大姊嫁給了我母親的表哥，而賴家的老二則娶了我母親的堂妹，就形成了陸、施、賴三家的這麼一個三邊聯姻關係。在時代劇烈變動的時刻，這些庶民家族互相聯姻也是一種存活方式。

賴氏兄弟姊妹溫文儒雅，待人親切，頗有大家風範，然而他們的長輩出身低微。賴家之父賴淵爵（母親稱之為淵爵伯）自幼失怙，在一家米店工作，勤儉幹練，誠實可靠，被老闆看中，將女兒許配給他。新婚夫婦兩人都很刻苦，拿了丈人出的本錢出去經營米店，遂有了中正路/忠義路之交的一片土地。後來台南州廳爲了開闢一條從火車站直通新運河口的通衢大道（如今的中山路與中正路），並在中正路/忠義路之交營建成排住商合一的三樓建築，稱爲銀座，徵收了他們的土地。而在這條銀座商街建成之後，以其中占三間店面的樓房補償他們，那棟新式洋樓遂成了賴家的新祖厝。

這麼一張一九二三年的家族照就在分家之後掩沒在施家八叔公家裡，直到近年才出土，已是歷盡滄桑了。這個四代同堂家族在一九二〇年代分家幾十年

2：母親(前排右一)和施家姊妹等一九二〇年代四代同堂的小孩，在一九八〇年代同遊曾文水庫，包括九嬸婆(前排右二)、阿花姨(前排左二)、阿娥姨(後排中) 與阿雪姨(後排左一)

3：一九八六年母親(右二)和施家親戚遊清境農場，包括清江妗(左三)、阿花姨(左五)及姨丈(左四)

之後才出生的我們這一代人，互相間的關係已不再那麼親密，然而母親那代人卻還保持著互相的聯繫。直到二十世紀末期，他們還是會聚會出遊（圖2、3），有若他們還是住在同一個大屋簷下。然而隨著歲月與人物的消逝，這種情景如今也難再看到了。

4.2

祖母的天足

——兼及台灣人的現代功名

一身唐裝的祖母（1.1圖4）在她一九六、七〇年代之交的晚年，偶爾還會為著她的一雙腳感到遺憾——她有雙沒有纏足過的大腳。她的三個姊妹出生在還是婦女以纏足為貴的十九世紀末葉，卻都沒綁腳。我雖然不曾聽見大姨婆或三姨婆直接談起，但相信她們直到晚年都還會有著和我祖母一樣的心情。

在我年少時的一九六〇年代，台南的街頭巷尾還到處可見身穿台灣衫，梳著傳統髮髻，纏著三寸金蓮的老太婆，走路身影令人印象深刻。記憶中這些小腳老太婆或許已是老耄之軀，總與行動不便聯想在一起。這時已經沒有纏足的青壯婦女可做比較了，看不到纏足對她們行動會造成多大不便。

然而我們知道民國初年曾有過纏足女子遠赴歐美留學，而沒有什麼行動障礙的例子。譬如張邦梅所撰的《小腳與西服》一書裡提到，她姑媽張幼儀曾回憶說一九二〇年代在倫敦見過一位身穿洋裝卻有著一對三寸金蓮的明小姐，與徐志摩等人暢談西方文學，小腳顯然並不妨礙她在那個年代遠渡重洋。而我祖母的同輩似乎也不覺得有雙大腳會有太多好處，她們只是遺憾著大腳所代表的出身低微及其隨後的成長艱辛，甚至到了一九六〇年代還繼續讓她們感覺到貴賤的對比。

潮汕與台南之間

祖母的三姊妹是在二十世紀初年她們十多歲的少女時代，隨家人從汕頭渡海來台的。在那世紀之交的巨變中國，不少華南沿海的家庭迫於家鄉生計的艱難，隨著鄉人的足跡渡海出外另尋生機。他們大半遠赴南洋，而祖母一家選擇台灣卻是有其特別的因緣。然而那時日本帝國已經占領台灣數年，兩岸起了阻隔，因此必須以偷渡的方式上岸，目標是台南安平港。這麼一個渡海求生之行卻是一趟令他們終生難忘、燒香拜佛的艱苦航程。

這趟渡過黑水溝的航程中據說是爲了躲避檢查，他們都得藏在船艙下層，然而卻遇到了暴風雨，很可能是個颱風。這三位少女偷渡客躲在陰暗密閉的船艙裡吐得七葷八素，這個交雜著海腥味與嘔吐味的痛苦，又不見天日命運未卜的幽暗記憶延續終生，到了年老還會向孫兒憶起。這場海上風暴不僅讓他們飽受折磨，還將船吹到了台灣的東海岸，最後才又開回原來航道，在原來的目的地台南安平上了岸。

那時雖有日本殖民政府的嚴厲管制，而且他們也操著與當時台南很不同的汕頭鄉音，但是當年的台南人顯然張開了雙臂來歡迎這一家「大陸偷渡客」，包括這三位當年的「大陸妹」。他們從此在台南安頓下來，三個姊妹後來也各有所歸。

祖母姓楊，原籍廣東潮州府普寧縣，卻是在汕頭長大的。汕頭屬潮州府，而潮州雖屬廣東省，卻是講閩南語的三大地區之一，其他兩個即是福建的泉州與漳州，泉、漳、潮三地在華南沿海緊密相連，是閩南語的原鄉。相對於以漳、泉兩地口音混合而成的台南音，潮州音在台南人聽起來就顯得腔調殊異。根據歷史學者考察，潮州人是在唐朝之前就從泉州直接走海路移民過來，而不是走陸路經過中間的漳州，遂從那時起就獨自發展出潮州口音。在韓愈遭貶潮州而撰〈祭鱷魚文〉時，那裡顯然還是個開發中地區。

潮州與泉州的淵源還表現在一部傳統戲曲上，即是出版於十六世紀明朝嘉靖年間的《荔鏡記》（圖1）。這齣戲流行於漳、泉、潮一帶，也就是後來歌仔戲搬演的《陳三五娘》，描寫泉州青年陳三與潮州姑娘黃五娘之間的曲折愛情故事。《荔鏡記》裡所用的口白除了共同的閩南詞彙外，也有泉州話與潮州話，而其戲文唱腔則涵蓋潮泉聲腔。從這部戲曲也可看出兩地的歷史淵源。

出海的潮州人大半往南洋跑，並在那裡形成頗大的勢力。也有往香港去的，譬如在那裡建立事業的李嘉誠。台灣的潮州移民顯然不多，留下來的較大痕跡僅是屏東的潮州鄉，而其現在住民恐怕多已不是淵源於潮州了。在台南則有一座建於乾隆七年（一七四二），從潮州分香而來的三山國王廟（圖2），是全台保存最完整的粵東建築代表，曾經幾乎凋零傾圮，如今已稍加修復，裡頭還有一個潮汕同鄉會。

潮州人由於人數較漳、泉二地來得少，在台灣竟不顯現在統計數字上，僅知出身台南的旅日歌手翁倩玉祖籍是潮州澄海。台南的潮州人雖不顯目，但從小我就在街上看到不少「汕頭意麵」的招牌，而有名的牛頭牌沙茶醬就是個戰後來到台南的潮州人劉來欽依其家鄉食譜調製而成的，潮州小吃對台南的影響應是不小。

兩岸分斷下的家族流離

祖母他們家族即是移民台南的少數潮州人。那時已是二十世紀初的一九〇

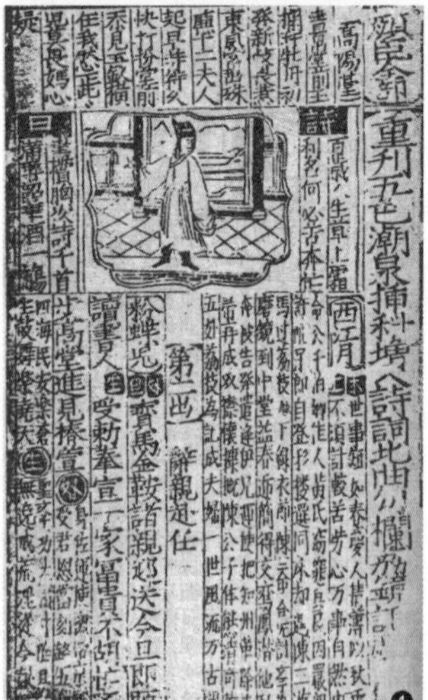

1：明朝嘉靖四十五年（一五六六）出版的《荔鏡記》，全名為《重刊五色潮泉插科 增入詩詞北曲句欄 荔鏡記》，使用潮州與泉州方言。

2：保留潮汕建築風格的台南三山國王廟

八年，日本據台已有十多年，兩岸之間的移民已經不多。而就祖母他們一家人而言，其實並非完全是移民身分，甚至竟可說是歸鄉。

他們家族在海峽兩岸來往的事情有些曲折，我從多年來族人的隻言片語、小時候從祖母聽來的遙遠回憶，以及其他文字資料，大致拼湊出這麼一個楊家的來歷。我的外曾祖楊瑞玉原籍潮州府普寧縣，生於咸豐六年（一八五六），排行第五，大約是一八七〇年代的青年時期來到台南經商，與家住萬福庵一帶的台南女子林英結婚生子。據楊家族人說楊瑞玉當時與唐景崧相善，唐在就任台灣巡撫之前的一八八〇年代，曾掌理過駐紮台南府城的台灣兵備道多年，楊家至今還留有唐寫給楊瑞玉的一幅四屏法書。在一八九五年乙未割台後的動亂時刻，楊瑞玉帶著全家回汕頭避難，根據祖母的生辰年月她那時還在襁褓之中。汕頭是近代海運開通以後潮州地區的對外通商口岸，已是繁榮港埠，他們一家遂定居那裡，楊瑞玉的么女（三姨婆）與么兒（四舅公）都在那裡出生。汕頭於是成了祖母成長之地與童年記憶所在。

本來楊家可能就此在汕頭長居下來，然而外曾祖母林英也許是因為住不慣那裡或其他因素，竟在十二、三年之後又獨自帶著兒女渡海回到台南，也就有了祖母成長於汕頭並在少女時代渡海來台的那些記憶。據族人說林英帶著三子三女渡海，獨將次子留在汕頭跟著楊瑞玉。這也即是我為何從小就沒聽族人說起這位外曾祖及二舅公，以為他們很早就過世的緣故。

林英娘家就住在萬福庵附近番薯崎的三四街，並不寬裕，難以倚靠。但她是個堅強女性，在回到台南後的艱難環境下，獨自撫養三子三女長大。有位家族長輩曾在回憶錄上提到那時楊家「家貧落魄，母女日夜以縫蚊帳，賺零星錢度日」。外曾祖母除了栽培么兒四舅公學醫有成外，還將三個女兒找到適當婚配。祖母在一九一三年嫁到當時在大街上有個布莊門面的鄭家，生活也就一時好起來，當然也反過來照顧娘家了。那時讀公學校的四舅公在清苦的條件下，還曾沿街叫賣油炸粿來補貼學費，也會到姊夫家來私下接受二姊在錢財與食物上的接濟。

由於他們在日本據台後才又來到台灣，在當時的戶籍登記上遂全都是中國籍，在種族一欄上寫著「清」字（辛亥革命後又改為代表支那的「支」字）。這是甲午戰爭與乙未割台所引發兩岸分斷與遷徙流離的一個事例。而潮州人楊瑞玉竟然會讓他妻子獨自帶著大部分子女回到台南，也就成了我們後輩的謎題（圖3）。

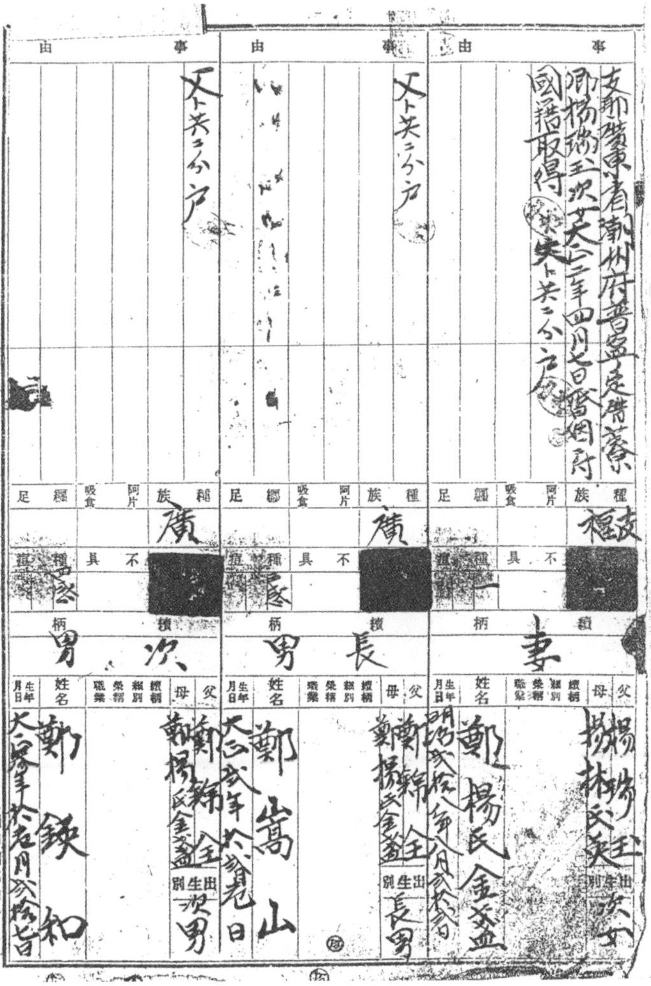

3：祖母楊金盞在日據時期戶籍登記上的種族欄寫著「支」（原來註記錯誤的福字被斜線畫掉），上面則寫上她的原籍：潮州府普寧縣定厝寮鄉

在汕頭長大的楊家姊妹來到台南之後，顯然很快學會漳、泉混和的台南口音閩南語。在祖母生前，我從不覺得她說話的腔調有何不同於一般台南人之處。她除了偶爾會提起小時候在汕頭的事情，而讓我直接從她口中學到了汕頭這兩字的閩南語發音（suann³-thau⁵）之外，並不讓人覺得是新移民。後來她在彌留時喃喃而出的，可能就是令她子孫難以聽懂的汕頭鄉音，那裡還是祖母心靈深處的原鄉。

最後一代前清遺老

祖母在一九〇八年來到台南之後，日本殖民政府已在台灣全面展開現代化改造，然而她終其一生並未受到太多影響，仍保持傳統模樣，直到晚年還會以大腳爲憾，是身上唯一看不出傳統的地方。她梳著舊式的髮髻，晚年梳妝時還會讓稀疏花白的長髮散開來，仔細梳洗一番之後，從牆頭盆栽上摘下一瓣蘆薈，擠出黏稠的汁液來當髮油梳抹一遍，然後熟練地在腦後挽成一個圓髻，再插上一根銀簪子，有時盛裝出門還會在髮髻上加插幾根金簪玉飾。而隨著年歲漸老，只見這個髮髻梳得越來越疏鬆，卻依然一個式樣直到去世。

挽面還是祖母那一輩的傳統美容法，這項技藝到了我母親那一世代幾乎失傳，她們已全部化起現代妝來。因此到了我小時候的一九五〇、六〇年代，三不五時出現在街頭巷尾的挽面師，她們的主顧就多是阿婆輩的婦女了。挽面阿婆坐在祖母面前，將一根細棉線纏絞成分叉的三端，一端在手，一端用牙齒咬著，另一隻手則握住纏絞的一端。在雙手與牙齒三端的拉合鬆緊之間，挽面阿婆的棉線就在祖母敷以白色膨粉的臉上來回翻轉纏絞，將汗毛拔出（挽出），稱之爲「挽面」。這是小時候會令我看得出神的一幕。

有著這麼一副有頭有臉的傳統打扮，祖母身上穿的當然就只有俗稱台灣衫的唐裝了（圖5.1），手上戴的也是銀鐲玉環。天冷的時候，頂多在外面加一件開襟毛衣。從頭到腳的例外還是那雙大腳，以及所穿的現代皮鞋。對祖母而言，一身傳統唐人打扮，卻有著一雙穿著現代皮鞋的大腳，確是美中不足。祖母三個姊妹都是天足，也都是這樣一副唐裝打扮，不同的就只有穿插在身上的質料之差別。

我祖父不善經營，生活重擔後來大半落在祖母身上，自然在穿著上只能維持體面。大姨婆雖然出嫁了，因與丈夫不睦，大半時間跟著外曾祖母住在四舅公家幫著管家。三姨婆則嫁到在台南老街民權路上開銀樓的人家，穿著自然較爲出色。三姨婆家的銀樓，祖母會帶著我去串門子。那是建於日據時期傳統與現代混合的二層建築，店鋪後面有著幾進院落。天井的陽光將擦得很乾淨的樓梯紅木欄杆照得格外光彩明亮，紅磚地板也是一塵不染，是台南舊商家的典型。

祖母她們三姊妹都患有糖尿病，顯然是家族遺傳，平常戒吃甜食。然而我跟著祖母去探望三姨婆時，就會看到三姨婆神祕地拿出一個小罐子，從中拿出一顆小白丸子給祖母含在嘴裡，自己也含上一顆，但就不給我吃。兩個老姊妹像是小孩子背著大人偷吃東西，後來我才知道她們分享的小白丸子是糖精之類。

乙未之變後的新出路

潮州楊氏一家來台的三個兄弟在光復之後只有最小的四舅公生存下來，相較於三位姊妹的傳統典型，他卻是個現代人物。四舅公不僅受過現代教育，而且還是個西醫，他是早年的總督府醫學校畢業的。

二十世紀之初，在日本殖民政府由上而下的現代化改造下，台灣人向來「學而優則仕」的上進之途完全斷絕。年輕人的出路唯有經過日本殖民政府剛設立的各級小學、中學與專門學校，而首先是相當於現代小學的公學校，給台灣男生讀的中學校還沒影兒，要等到一九一五年林獻堂等人設立的台中中學校，以及一九二〇年代州立台北二中（現在的成功中學）、州立台南二中（現在的台南一中）等中學校的成立。在這之前的州立台北一中（現在的建國中學）與州立台南一中（現在的台南二中）都是給日本子弟讀的。因此在還沒有台灣人中學畢業生之前，總督府成立醫學校直接招收公學校的畢業生，遂造就他們成爲台灣人的第一批現代醫生。

日本殖民政府在十九世紀末占領台灣後，先是在台北、台南等地開辦短期的「國語傳習所」，作爲推廣日語的初級學校，後來改爲六年制的公學校，全台設置。公學校雖然是以傳授日文及日本殖民式現代化教育爲宗旨的初級教育，相當於現在的小學程度，但在當年卻成了被切斷了傳統教育與仕進之途的台灣子弟的唯一上進之路。

乙未割台兩岸分斷之初，情況尚未明朗，上進子弟究竟要繼續傳統漢文教育，還是改弦更張跟著日本人的教育走，這曾經是當時不少家庭在栽培子弟上面臨的難題。出生在一八九三年的淡水人杜聰明在其回憶錄裡提到，大他十四歲的長兄原本準備要考秀才，卻因乙未割台而中斷了這條傳統上進之路。而他識時務的父親立刻將他二兄送到日人新設的國語傳習所，接著升上師範學校成為首屆畢業生。反觀他們淡水同街的一戶舉人之家，因為遲疑於接受現代教育的好處，家族後來反而不得發展。

公學校剛開始招收學生不多，卻幾乎網羅了台灣菁英子弟，而且很多學生年紀都相當大了。宜蘭人蔣渭水當年入公學校時已經十七歲，淡水人杜聰明也已十一歲。一九一三年和杜一起遠赴北京企圖行刺背叛革命的袁世凱的醫學校同學台南人翁俊明（翁倩玉之祖父），就讀公學校時也十多歲了。我四舅公也是在十歲時才上台南第二公學校。

這些人在進到公學校之前多曾在私塾接受過傳統漢文教育，杜聰明在他的回憶錄裡提到：「日據時代初期，一般父兄對公學校教育意見，要入公學校之前須要讀漢文，先入書房讀經文以後，進入公學校讀日本書則有漢文的基礎將來較有用……。」因而有了基本的民族意識與故國之思。而這第一批在公學校畢業的台灣菁英子弟，在還沒有台灣人可讀的中學校之時，除了進到培養台灣人公學校師資的國語學校（一九一九年後後改制為師範學校）以及農業試驗場之外，只有一個新出路就是總督府醫學校。

菁英匯聚的醫學校

最初的台灣總督府醫學校招收台灣人公學校畢業生，學程包括一年預科和四年醫術本科，只要五年即可畢業。比起現在的醫學院，這樣的專業訓練聽起來有點粗糙。然而當年進去就讀的卻都是優秀的台灣子弟，而且也都接近甚至就是讀大學的年齡了，在人格成熟度上基本沒問題，何況當年的年輕人活在時局的巨變中，生命也被迫早熟。

此外，殖民政府爲台灣人辦醫學校的目的，是在於培養具有現代醫藥技術的台灣醫療人員，以取代已經逐漸被官方排斥並汙名化而陷於崩潰中的傳統中醫，以便為其殖民統治服務。然而由於這家醫學校的專業訓練被認為不如日本本土，因此在開辦之初還有過日本人拒絕被這裡畢業的台灣醫生看診，以及大批學生認為沒有前途而主動退學的情事。

但是這第一批土產西醫還是很快得到台灣社會的信任，醫學校遂成為台灣子弟上進的最高選擇。葉榮鐘在《日據下台灣政治社會運動史》裡如此提到當時情況：「自割台以後迄民國八年為止，除有實用價值之醫師養成機關醫學校外，完全沒有專門教育機構，即實業學校亦付闕如。中等教育除台人請願設立之公立台中中學校外也一無所有，可見日人割台後小半世紀之間，對於台灣統治之精力全部灌注在經濟方面，對於教育並不重視。國語教育與醫學，是台灣統治實用上所能夠容許的教育之全部。」

另外一項台灣人的可能出路是律師，因為它除了具有現代社會之地位外，自由業的角色也能免於日本警察的騷擾。然而台灣本身並無法律專門學校，必須赴日本留學才能取得律師資格，而這只能是少數家庭才能辦到。

因此日據時期作為殖民政府實用價值的台灣醫生，就成為一般台灣中產之家子弟力求上進的新出路與新窄門，這批台灣子弟在年輕時必須付出極大的努力代價，而行醫之後則能取得豐盛的回報，十分符合「書中自有黃金屋，書中自有顏如玉」的傳統訓示，有如科舉時代的功名。從二十世紀初年起，就有多少台灣子弟奮力投身學醫之路，這種情況延續至廿一世紀的今天依然如此，其實有著深遠的歷史因素。

這第一批台灣菁英子弟都受過傳統漢文教育，在少年時代也還留著辮子，因而在日本統治台灣十多年後都還心懷故國，十分關心祖國的變化（圖4）。杜聰明在回憶錄提到，他是直到醫學校本科第二學年（一九一一年）時「始斷髮」，又說：「民國初年前後，筆者是在醫學校的學生時代，我們台灣青年雖受日本統治下，但我們漢民族的意識很旺盛，每朝起床就閱讀報紙看中國革命如何進展，歡喜革命成功。」這些心懷祖國革命事業的醫學校前後屆的台灣菁英子弟遂在蔣渭水、翁俊明號召下組成祕密團體，並聘請老師來教授北京話。

杜聰明接著說：「我們歡喜革命已經成功，但不料袁世凱傳要做皇帝，我們非常憤慨他的野心。」於是在一九一三年這群志士構想了一個暗殺袁世凱的計畫，並推舉翁俊明與杜聰明兩人前往北京執行（圖5）。這時杜聰明是醫學校學生最後一學年。他們兩人間接從日本轉赴大連，再前往北京，沿路受到台灣

4：一九一一年台中櫟社詩人歡迎梁啓超訪台的紀念照，其中多人仍留著前清髮式

5：一九一三年一群計畫暗殺袁世凱的台灣醫學校學生為翁俊明與杜聰明兩位執行者壯行合照（前排左起：林水土、翁俊明、杜聰明、魏清德；後排左起：林錦生、蘇樵山、曾慶福、蔣渭水）

同鄉的照應。然而他們兩個卻發現北京在嚴密警衛下，這群業餘志士的粗糙計畫毫無下手執行機會，又感覺到已被盯上，只好無功而返，南下上海搭船回到台灣。計畫雖未成功，卻是志氣可嘉，也代表著第一批台灣現代化菁英的故國情懷。

於是就在這些歷史因素交錯影響下，總督府醫學校學生除了有故國之思外，也弔詭地成爲台灣乙未新生代挑戰日本殖民統治的搖籃。醫學校的早期畢業生蔣渭水、翁俊明、杜聰明、賴和等人，都成了台民放棄傳統武裝鬥爭，改採現代社會政治運動方式的第一批先行者，在一九二〇年代創建了文化協會與民眾黨，推展台民的現代啓蒙運動。

在中國大陸較早的時候，接受現代化西醫教育卻走上反抗與啓蒙之路的也有孫中山與魯迅的例子，兩岸這些志士都有著類似的出身，而走上相同的道路。台灣第一批現代西醫遂因此受到辛亥革命與五四運動的感召，而讓台灣成爲第三世界民族解放運動的一環。

擺盪在傳統與現代之間

四舅公大約就在這時（一九一六）進到總督府醫學校就讀，不過他並未投入台灣的民族反抗運動，而是與大部分同學一樣，畢業後回到家鄉開業行醫。由於他的慷慨大度、善待病人，很快地就建立起良醫的聲譽，台南舊府城周遭不少鄉民長途跋涉前來看病。聽長輩講起，那時醫院裡經常門庭若市，還在日據時期他就已然成了府城的社會賢達。他是楊家渡海來台後最發達的子弟，力圖上進的典範，然而剛來時生活的艱困卻曾逼著他在街頭叫賣油炸粿補貼學費。

四舅公長得儀表堂堂，是接受日本殖民教育的第一批台灣子弟，而且還讀到了醫學校，整個服飾與神態遂與他三個姊姊極為不同（1.1圖9）。相較於她們的傳統打扮，他則已是西裝筆挺、言語摩登，一副現代紳士模樣了。他能讀到醫學校，除了「寡母」的茹苦含辛外，還有來自他兄姊資助的因素，如早逝的「限地醫」三舅公。

限地醫就是限制在開業地區的醫生，會有此情況是因為日據初期中醫體系崩潰，西醫又缺乏，尤其是在廣大的農村與山地。為補不足，日本殖民政府遂開放給非醫學校畢業生但從事過醫療相關行業者，以考試來取得乙種行醫執照，並限定他們要在缺乏正式醫生的地區開業，遂稱爲限地醫。三舅公取得限地醫資格後，在鄉間開業，很可能也栽培他四弟讀醫學校，卻在一九二三年就過世了。嫁來鄭家的祖母早期曾有過一段不愁吃穿的日子，也曾盡力照顧這位么弟。

四舅公一九二一年醫學校畢業後在官立的台南醫院服務數年，一九二七年結婚後在萬福庵老家北邊小上帝街坊附近，已經拓寬拉直的現代馬路白金町五町目（現忠義路二段北端）開設養生醫院（早期一位醫師開的診所也稱醫院）。同條街上則有他先期學長王受祿，文化協會積極分子，早先已開了回生醫院。

養生醫院是我童年經常跟隨祖母與母親去的地方，那是一處占地甚廣的中西合璧兩層樓建築，前面的樓房是西式的，後面樓房則是中式格局，中間由一個天井分開來，天井裡則有假山、魚池與綠色植栽。前面西洋樓的一樓是診所本身，是當年一般醫院格局，就像侯孝賢《冬冬的假期》裡的那家醫院一樣。診所上面的二樓則是他們的臥房與起居室，是上個世紀三〇年代的東洋歐風樣，木頭地板也總是擦得十分滑亮，可以想像當年上海與東京類似的洋房風格。

隔著天井的後半部中式房子也是二層樓，以上下兩層的廂房與遊廊與前樓連接。精確說後進是帶著現代風格的閩南樣式，在不少南洋的閩南移民區及其僑鄉都可見到，二樓正面中間面對天井，正是一間傳統的正廳，除了兩旁的傳統桌椅外，正面八仙桌上供奉著列祖列宗的神主牌位，還有觀世音菩薩供外曾祖母與茹素的大姨婆朝夕膜拜。楊家外曾祖母（圖6）在戰前的一九三五年即已去世，我小時候的一九五〇年代，每次來到這裡還會看到大姨婆坐在這個正廳拿著佛珠虔誠唸著。

四舅公在一九二〇、三〇年代將醫院的大房子蓋成了外西內中的格局（圖7），顯示著他這麼一個第一代西化的台灣子弟所存留的傳統情懷。他雖然外表上完全是個西化人物，卻在小時曾上過舊學堂，行爲處事十分傳統。他事母至孝，在每年爲外曾祖母做生日時，除了請來戲班在內庭演出外，還會發放救濟米糧給貧窮人家，幫她做功德，也贏得白金町鄰里的讚譽，當時住在附近的家母也都還記得養生醫院發放救濟米的盛況。

四舅公甚至將醫院所得營收大半交給外曾祖母掌管，從台南殷實商人劉家嫁來的媳婦——我的四妗婆，也不敢多言。這件事我祖母念念不忘，成了她後來屢屢提起而冀望媳婦們能效法的榜樣。然而時代不同，接受現代化教育的新女性已經不可能以此爲榜樣了。這也是我祖母另一件引以爲憾的事，她不巧生在一個時代遞嬗的交點上，遺憾地看著她的子孫後輩被現代化的浪潮席捲而去。

家族砥柱與社會賢達

四舅公作爲楊家渡海來台最有成就者，就夠族人雨露均霑了。沒有受過現代教育的大舅公後來就在他么弟的醫院裡當藥劑生，他兒子在台北的發展也得其資助。甚至有遠在汕頭的族親渡海來投靠的，有一位大家稱呼阿配舅的一直在醫院裡幫忙打雜。

四舅公對他這個家道中落的二姊夫家也是十分照顧，祖母的子女在求學過程多少得到幫助。祖母的三個姊妹中，大姨婆嫁後回來留在四舅公家直到老死，三姨婆嫁給開銀樓的孫家，祖母嫁的則是一家經營布莊的潮州同鄉。

6：外曾祖母林英遺像

7：四舅公二女兒歸寧之宴在養生醫院裡舉行，圖為其天井與後進的閩南傳統與現代混合格局

鄭家的來歷和祖母楊家頗爲類似，來自潮州府下祖母故鄉鄰縣的揭陽縣。生於咸豐元年（一八五二）的曾祖父鄭威堂在同治十年（一八七二）時，據說是隨軍來到台南。曾祖來到台南後也住在萬福庵一帶，在竹子街（現民權路）與人合夥經營「永震裕」布莊，並娶了在地陳家女兒。曾祖父在一九〇六年過世後布莊由大兒子鄭文錦（我的大伯公）經營，大伯公後來還做了六街保正，成了社會賢達。我們在台南孔廟廟埕的一座修繕紀念碑上看到他的名字，上面刻著大正七年（一九一八）孔子廟重修時立，他是當年的捐獻者之一。那是鄭家最風光的時候，祖母就是在這時嫁過來的，有過一段不愁吃穿的日子。

然而來到一九二〇年代，由於內外在因素布莊不再能維持下去，大伯公也接著過世。祖父處於時代巨變之交，只讀過漢文私塾而無現代一技之長，遂陷入窘境。祖母生養了四男四女，她在一九三〇、四〇年代讓他們大多能有中學以上教育，因此家計負擔甚重。這除了靠她長於操持家務並善於理財外，四舅公的相助也是一大因素。

四舅公作爲祖母楊家的家族中心，在日據時期就有這麼一棟現代大房子，又會適時對窮苦人家發放救濟米糧，在那時已是社會賢達了。然而他們卻從未曾掌握過與其社會地位相符合的政治權力，只能尋找著各種可能出路。從日據時代開始，由醫生專業所累積的財富，他保守地大半用來購置魚塭、房地產與其他投資。

作爲社會賢達在日據後期就要感受到很大壓力了，尤其是一九三七年皇民化運動開始之後。四舅公以其艱苦出身倒是十分識時務，可說是社會地位的包袱。然而台灣一光復，四舅公據說還試圖把籍貫回復爲廣東潮州。他確實出身潮州，年少八歲時才隨家人渡海來台。

他醫學校剛畢業在台南醫院服務時，就曾因爲還保留著同我祖母一樣的廣東潮州籍貫，戶籍登錄上註記著「清」字而影響到升遷。這個潮州人身分對他終其一生都有著重大意義，在民國六十年台南潮汕同鄉會購置會館的樂捐名單上，就有四舅公的名字，還捐了不少錢。

四舅公處於時代的斷裂與巨變之中，一生作爲相當反映出他所處中日華洋之間的複雜變局。他在一九三〇年代爲外曾祖母在永康蓋了一座寬闊雅致的傳統墓園，取名「念慈園」（圖9）。後來在一九七〇年代因地方闢路徵地而將墓園遷到較遠的關廟，也蓋得與舊墓一模一樣的恢弘典雅，然而他與四妗婆後來卻都以天主教儀式入葬。四舅公的人生可說像他那棟中西合併的大宅，前一進是西式醫院，後一進則是傳統廳堂。

民國時代的新標竿

我剛上小學前後，曾一度經常出入養生醫院找與我同齡的小表叔玩，幾次陪著他一起到民族路的長老基督教會參加小福音班。在小福音班上，老師以糖果作餌來讓小孩認眞聽福音。我並不想吃糖果，只是一心期待得到老師的稱讚而認眞表現。然而不知是因爲我表現過了頭，還是她覺得我只是陪著小表叔來的親戚，因此沒太注意，更不用說回報我所期待的讚許了。這曾讓我感到極大的挫折，沒幾次就興味索然不再去了。

這是當年台南府城裡中上人家的一項時尙，送子女學鋼琴、小提琴，上福音班。戰後的台灣，美國作爲西方文明的代表，漸漸取代日本成爲一般台灣中產之家的學習標竿，尤其來到一九六〇年代。而基督教會對台南中產階級的吸引力即以此時爲其高峰。

8：外曾祖母林英之墓「念慈園」

一九六〇年代越戰升高之後，台灣成了美軍的前進基地，以及越戰美軍的休假地。美國的形象到處可見，影響與日俱增，取代了日本在台灣人心目中的上國位階。台南城郊的空軍基地有美軍進駐，然而對市民而言最具象的卻是府城大街上的幾家專爲美軍開設、有吧女服侍的酒吧，還有開著雪亮的白色吉普車來巡視的高頭大馬的美軍憲兵，以及幾家經營美軍眷屬生意的土產藝品店，而家裡則開始出現雀巢即溶咖啡與即溶橘子粉（Tang）之類的從美軍福利站（簡稱PX）流出來的美國食品。在那個素樸的年代，我們也就這樣透過與駐台美軍單位有聯繫的四舅公家，才能初次嘗到這些現代美國口味。

那時母親會愼重地從櫃子裡拿出精緻咖啡杯組，在每一個杯子裡放入一匙即溶咖啡粉，沖入滾開水八分滿後，再加上一匙前所未見的Cream-mate植物性奶精粉，以及一匙白糖，然後用小匙攪拌。最後她還要叮嚀大家不要用那把擱在小碟上的小匙子撈咖啡喝，而要以杯就口，那根小匙子只是用來攪勻奶精與糖的。這套程序成了家裡的標準待客之道，是我們這一代人初次嘗到的咖啡滋味，直到今天還有不少人只願喝這種如今已屬廉價的即溶咖啡，而不習慣現煮的磨豆咖啡。

四舅公有三男三女，大女兒、二女兒都上了台大，嫁了醫生。三女兒在一九六〇年代赴美留學，卻不幸遭遇車禍。三個兒子中，大兒子中學畢業即赴美留學，次子在台灣讀完醫學院後也去了美國。與我同齡的么兒在台灣讀中學時像個寵壞的小霸王，也只好送到美國的大哥家去接受上國的教育，居然乖乖地接受了美國人那種個人獨立自主的觀念。有一陣子母親就屢屢轉述，他在彼邦就學時如何到處打工賺取零用錢，譬如週末到鄰居家割草這類模範事蹟，做爲我們這些只會向家裡要零用錢的小孩的榜樣。來到一九六〇年代，作爲家族中心的四舅公家人與時俱進的指標，還深深影響著其他族人。

華人來台開拓，家族一直是新移民奮鬥求存的基本單位，一直到日據時期都還是如此。母親施氏家族在台南五條港建立宗祠，並形成家族公司作爲族人互助共榮的集體，而祖母楊家則以四舅公成爲名醫而庇蔭族人，甚至還澤及家道中落的姻親鄭家。以經商爲本的施家「公司」在日據初時的現代化改造下難以爲繼，而成爲現代醫生的楊家老么卻在日據後期成了家族的中流砥柱。西醫開始成爲每個台灣庶民家族子弟的標竿。

學醫做為傳統功名的現代形式

從日據時代開始，傳統學子被剝奪了「學而優則仕」的功名之路，而在日本殖民政府開放西醫成爲社會菁英的出路後，轉而走上另一條「學而優則醫」的道路，然而拿到的只是社會賢達的名利，而沒有與傳統功名相匹配的政治權位。但即使如此，在我們親族中只要是會讀書的，全家人都會自我犧牲來供給這位家中驕子走上學醫之路，這是台灣一般庶民最好的出路。

四舅公的次子繼續學醫，兩個女兒嫁給醫生；他二姊的么兒（我家四叔）與三姊（我三姨婆）的大女婿（張良典）也當醫生。母親的堂妹（我的阿花姨）嫁去的賴家也有一位當醫生的兄弟，賴內科就開在我家附近忠義路上；賴家大姊則嫁給了陸內科的清江舅，他與清塗舅兩位陸家醫生兄弟是我母親的表哥，西門路上的陸內科成了我兒時經常看病之處；四妗婆的么弟也在我家附近友愛街上開一家劉外科。這是親戚中當上醫生的長輩，他們的後代走上醫生之路的更不在話下了。

這些人的出身皆非世家巨賈，學醫之路競爭劇烈，相當艱辛，非出身中下人家，抱有極大上進之心者不能為之，就如傳統社會十年寒窗苦讀的莘莘學子。而我們親戚中的這些醫生大半來自台南府城的中小生意人家庭，若在以前就應是科舉競爭路上的佼佼者了。這些原本可能在功名路上晉升為傳統士人的秀異子弟，在社會巨變之中如今成了有一技之長的現代西醫，不僅物質報酬豐富，也是第一批新世代的知識分子。

這第一批現代化知識分子，有像蔣渭水、賴和那樣致力領導同胞走上啓蒙政治之路的，也有開風氣之先引領社會時尚與風潮的，而更多的則是如我四舅公那樣隱身成為地方上的社會賢達與家族的中流砥柱，也成了社會上的非正式意見領袖。而不管他們最後如何自我定位，卻是構成了台灣在現代化過程中知識菁英的一個十分重要的組成面貌。

終生穿著唐裝、不識字的祖母以其四弟為榜樣，她嫁的鄭家老二與她一樣是個前清遺少，錯過現代化的潮流，於是希望兒子也能成為西醫。祖母雖然終生傳統打扮，但就像她那傳統服飾底下展露出來的天足，現代西醫也在心目中取代了傳統功名，是最高成就了。學醫很快成為窄門，競爭十分激烈，終於等到她的么兒考上醫學院時已是台灣光復之後（圖9）。然而完全接受現代教育的

9：一九四八年祖母與將就讀醫學院的么兒及四個女兒合影

新一代人，卻不再如讀過舊學堂的四舅公那般還有著傳統理念。祖母所期待的有如她母親的地位，後輩已不可能照樣接受了。可說祖母以她四弟爲榜樣對兒子的期待只完成了一半，成了她晚年的另一個遺憾。

5.0

後記：一趟心靈尋根之旅

從一張出土的家族老照片開始，竟然鋪陳出這麼多故事來，我自己都感到驚訝。這除了靠照片影中人的回憶外，我還去多方了解當時的時代背景，並依靠多年來累積的社會科學知識與人文認知。然而在書寫這些文章時，我發現所能憑藉的歷史文字資料其實甚爲有限。

我曾在多處談到父親那代人是「失語的一代」，他們是台灣人全盤接受日本殖民式現代化教育的第一代人。只進過傳統學堂的祖父他所學得的古典漢文在日據時期變得毫無用武之地，而拋棄漢文學會了現代日語的父親在光復之後也一樣講不出口。因此我的父祖是連續失語的兩代人，他們除了在言語上不善表達外，也沒留下太多書寫自己的文字資料（除了一些公開的政治社會運動與少數文學作品）。

接受現代化教育是我父親輩可以自覺「優越」於我祖父那代人的理由，然而這卻也是他們精神失落的主因，因爲他們就此開始以日語作爲媒介去掌握排山倒海而來的現代化事物，卻失去了母語的書寫與論述能力。而失去母語的這方面能力其實就是失去了台灣閩南語這個發展了將近二千年的漢語傳承，於是我父親這輩人也就跟著失去由這個母語所承載的幾千年的歷史。不僅如此，他們也跟著失去了記錄書寫自身事物的能力，失去了運用母語來自我認識的能力。他們新學得的日語基本上不是用來記錄自身與認識自我的，而是用來在現代化的階梯上向上攀登、往外追求的，而這個「上」與「外」即是當時暨起現代化標竿並統治他們的日本，以及後來的美國。

無怪乎在那日本統治台灣的五十年中，留下來對於本土自身記錄的幾乎就只有日語文本，而基本上也是由日本人來寫，除了連橫的《台灣通史》、林獻堂留下來的日記，以及文化協會等志士發行的報刊等少數例外。這些留下來的日文文本至今仍被我們這世代奉爲對那個時代自我理解的知識圭臬，譬如伊能嘉矩的台灣民情踏查、鹿野忠雄的台灣博物學紀錄、矢內原忠雄對日本帝國下的台灣經濟考察等等。甚至對台灣當年的抗日、文化與社會運動也得依賴日本人留下來的官方紀錄，譬如《台灣總督府警察沿革誌》。

光復之後，我父親這失語的世代仍舊無能書寫論述，他們甚至難以將自身的經歷口耳相傳，遑論對自身環境的認識了。而學校因爲背負著灌輸反共信念的政治任務，也無能彌補缺乏自我認識的這種知識體系上的重大缺失。我遂在這麼一種環境下的一九六〇年代成長，在課堂外我認識到多少個西方大哲，捧讀過多少本西方文史哲名著，重溫過多少五四風華，覺得外頭的、上面的世界是多麼的精采浩瀚，但心中還是有著那麼一個自我認識上的缺憾。我在一九七〇年代初的大學時光，曾想爲了知道他們那代人在日據時期幹過什麼事，而努力啃著當時僅有的葉榮鐘的《日據下台灣政治社會運動史》，也找到楊逵、賴和，以及光復後鍾肇政的小說，但也只能一瞥當時的某個側影。

在這段一九六〇、七〇年代的求學過程中，倒是有一位台南一中的地理老師黃鐘熊曾經讓我感動過，當他教到有一種海岸地形，由於地層逐漸上升與長期風吹沙土而形成波浪狀時，隨口就說台南就是一個很好的例子。他解釋說台南市從海岸到內陸，從西向東就是一個接著一個上坡下坡的波浪狀地形，一直延伸到靠山的玉井鄉。他的這麼一個舉例讓我驚覺，我就是天天騎著腳踏車從接近運河海平面的低處，由西往東奮力爬坡從中正路繞過圓環轉入青年路，然後過了博愛路後就一路舒服地滑下坡，而在接近勝利路時又得開始奮力踩踏上坡了。那一堂課讓我驚覺到學校傳授的知識竟然可以跟我每天的生活有很親密的關係，而不只是我們要背誦來應付考試的東西。

然而這樣的一堂課在那時畢竟只是鳳毛麟角，對大部分青年學生而言也不會有太大的吸引力。畢竟大家關切的除了大專聯考這一生命大關之外，就只能是那些東西方聖哲大師們帶來的各種恢弘高遠的「美麗新世界」，那才是讓所有文藝青少年目眩神搖的新世界，即使只是生吞活剝也足以耗盡他整天的精力了。黃老師那一堂課的啓發與感動只能暫時藏在記憶深處，沒能與六〇年代的「啓蒙」追求掛上鉤。總的來說，在我們那時的成長過程中，不管是從家中長輩還是學校教育，都極爲缺乏學習自身知識的機會，包括地理環境與歷史變遷。

由於父親這代人是那麼的無言，他們所活過的歷史遂由現在的人來書寫與編織了。因此我們戰後新生代在這個自我認識上成了十分關鍵的一代，我們是還接觸過前清遺老的最後一代人。然而這也要到二十世紀末期才慢慢有此自覺，不幸的是這個自我認識之路卻不免受到同時興起的政治運動在意識形態上的影響。對於台灣人民如何活過日據時期的研究遂充滿了爭議，讓人理解到一個社會的自我認識之不易，就像一個人難以充分自覺一樣。

然而歷史眞相難道就因此而飄忽渺茫不可得見嗎？或許任何歷史眞相都難以全面揭開，但我相信是可以多面趨近的，只要能放下意識形態的包袱。這是我瀏覽咀嚼家族老相簿而書寫這些文字所懷抱的心情，以此我從父母輩的世代服飾更新開始，寫到戰後新生代男性難以大範的公共行爲，不只探索歷史變動對台灣男女兩性幾代人的不同衝擊，也讓我認識到當下台灣的種種現象其實牽涉到時代性以及人性層次等複雜的歷史因緣。當然我也只敢說，這也只能趨近當時歷史眞相的一個側面。

我企圖從家族老照片中描繪出這些影中人，在那變動年代下多樣而複雜的人生經歷，這些人都來自常民家庭：我父親的鄭家、我祖母的楊家，以及我母親的施家等各家族都是久居台南府城的尋常人家，就如同當今台灣大半政治人物的出身，父祖輩也多沒牽涉到這百年來各種社會動亂與政治運動，不曾成爲其獻身者或推動者。由於這麼個尋常百姓家的背景，他們的生命歷程雖不會在歷史事件簿上記上一筆，卻也是時代變化的眞實反映。其中的重點在於，這些變動中的常民生命甚難完全以現有的各種大敘述來涵蓋，而是充滿著拼湊、反覆、混雜與矛盾，或許他們無言的眞相必須從這些混雜與矛盾之中慢慢梳理出來吧？這本由影像來敘說他們的故事，也算是這麼一個企圖。

這本書取名《尋找大範男孩》，即是出於這麼一個對常民歷史的關懷。這個對常民歷史與時代精神的發掘，有助於我們對台灣現今政治與社會人物的公共行爲的理解與同情，他們大半出自與我同一背景的尋常人家。也就是說，對父祖輩生命歷程的理解，有助於如今是當家作主、不再無言的我們這一輩戰後新生代台灣男性的自我理解，包括我們種種看似可笑可議的政治與社會行爲。

這本書從構思到成書得到印刻安民兄很大的鼓勵，也歷經數年功夫，其中數篇曾發表在《印刻文學生活誌》。在〈尋找大範男孩〉一篇登出後，日本橫濱關東學院校長富山隆先生來信，指出該文一張我父親在東京的照片的地點說明可能有誤，細察之下果然如此。接著他又憑著這些老照片，幫我找到了父親結婚前在東京工作所在，解了家裡多年來的謎題，讓我感懷不已，並寫了〈解開父親在東京之謎〉這一章。

這些影像篇章得以完成，在材料方面，除了家裡老照片與先母口述是最大來源外，還有祖母、父親、三叔、四叔與啓宗三舅等人生前提過的往事與留下的遺物，以及來自大姑媽（鄭碧梅女士）、四嬸（李金娥女士）、雲嬌和麗嬌兩位表姑媽、文里堂姊、嘉榮堂哥、嘉輝堂弟與維修外甥等人提供的回憶與照片，是我要深表謝意的。此外，黃天橫先生慨然提供收藏的台南老地圖與照片，黃瑪琍幫忙整修了〈旗袍、洋裝與台灣衫〉一文的老照片，在此一併致謝。最後還要感謝這些文字的初稿閱讀者，包括丁乃非、文庭澍、林載爵、陳光興、趙剛、錢永祥等諸友，以及家兄、大嫂和吾妻。

二〇一一年十月十三日

INK PUBLISHING 文學叢書 312

尋找大範男孩

作　　者　鄭鴻生
總 編 輯　初安民
責任編輯　陳健瑜
美術編輯　林麗華
圖片提供　鄭鴻生
校　　對　吳美滿

發 行 人　張書銘
出　　版　INK印刻文學生活雜誌出版有限公司
新北市中和區中正路800號13樓之3
電話：02-22281626
傳眞：02-22281598
e-mail：ink.book@msa.hinet.net

網　　址　舒讀網http：//www.sudu.cc
法律顧問　漢廷法律事務所師
劉大正律師
總 代 理　成陽出版股份有限公司
電話：03-2717085（代表號）
傳眞：03-3556521
郵政劃撥　19000691 成陽出版股份有限公司
印　　刷　海王印刷事業股份有限公司

港澳總經銷　泛華發行代理有限公司
地　　址　香港筲箕灣東旺道3號星島新聞集團大廈3樓
電　　話　(852) 2798 2220
傳　　眞　(852) 2796 5471
網　　址　www.gccd.com.hk

出版日期　2012年1月　初版
2013年4月2日　初版二刷
ISBN　978-986-6135-64-4

定　價　330元

國家圖書館出版品預行編目資料

尋找大範男孩 / 鄭鴻生著；
--初版，--新北市：INK印刻文學，
2012.01　面；　公分（文學叢書；312）
ISBN　978-986-6135-64-4（平裝）
1.家族史 2.服飾 3.通俗作品
544.2933　　100021762